L'AGIOTAGE

OU

LE MÉTIER A LA MODE,

COMÉDIE EN CINQ ACTES ET EN PROSE.

PAR MM. PICARD ET EMPIS.

REPÉSENTÉE POUR LA PREMIÈRE FOIS, AU THÉATRE FRANÇAIS,
PAR LES COMÉDIENS ORDINAIRES DU ROI,

LE 25 JUILLET 1826.

PARIS.

BÉCHET AINÉ ET CIE, LIBRAIRES,

PALAIS-ROYAL, GALERIE DE BOIS, N^OS 263-264.

M DCCC XXVI.

IMPRIMERIE D'AUGUSTE BARTHELEMY, RUE DES GRANDS-AUGUSTINS, N° 10.

L'AGIOTAGE

OU

LE MÉTIER A LA MODE.

Imprimerie
de A. Barthelemy,
rue des Grands-Augustins, n° 10.

L'AGIOTAGE

OU

LE MÉTIER A LA MODE,

COMÉDIE EN CINQ ACTES ET EN PROSE.

PAR MM. PICARD ET EMPIS.

REPÉSENTÉE POUR LA PREMIÈRE FOIS, AU THÉATRE FRANÇAIS,
PAR LES COMÉDIENS ORDINAIRES DU ROI,

LE 25 JUILLET 1826.

PARIS.

BÉCHET AINÉ ET Cie, LIBRAIRES,

PALAIS-ROYAL, GALERIE DE BOIS, Nos 263-264.

M DCCC XXVI.

PERSONNAGES.

DORMEUIL, ancien avoué.	M. Baptiste.
DORMEUIL de SAINT-CLAIR, avocat, fils de Dormeuil.	M. Michelot.
MARCEL, négociant, manufacturier de Lyon.	M. Devigny.
DUROSAY, homme d'affaires.	M. Firmin.
GERMON, jeune cultivateur des environs de Paris.	M. Monrose.
FRÉVILLE, plaideur, client de Saint-Clair.	M. Grandville.
Le Marquis de FUGACCIO.	M. A. Dailly.
LAURENT, clerc de Saint-Clair.	M. Samson.
GAUTIER, commis d'un agent de change.	M. Lecomte.
JOSEPH, valet de Saint-Clair.	M. Faure.
AMÉLIE, femme de Saint-Clair.	Mlle Leverd.
JUSTINE, femme de chambre d'Amélie.	Mlle Dupont.

La scène se passe à Paris, dans une maison commune à Dormeuil et à Saint-Clair.

L'AGIOTAGE

OU

LE MÉTIER A LA MODE.

ACTE PREMIER.

(Le théâtre représente le premier cabinet de M. Saint-Clair.)

SCÈNE PREMIÈRE.

JOSEPH, JUSTINE.

JOSEPH.

Il faut faire fortune, voilà le refrain universel. Je ne suis qu'un pauvre domestique....; mais pourquoi n'essayerais-je pas comme les autres ? (Prenant un journal qui est sur la table.) Voyons un peu ce qu'il y a d'intéressant dans le journal. (Lisant.) Bourse de Paris. Jouissance du 22 mars : 98 fr. 90 c., 85 c. Bon ! cela baisse, c'est mon jeu.

JUSTINE.

Vous avez le journal, M. Joseph; permettez. (Lisant.) Tirage de Bordeaux : 49 - 87 - 63 - 86. Ah ! mon Dieu, deux de mes numéros, et je n'ai joué que le terne !

JOSEPH.

Mademoiselle Justine, ne vous corrigerez-vous jamais de mettre à la loterie ?

JUSTINE.

Vous jouez bien à la Bourse, vous, M. Joseph.

JOSEPH.

Chut! ne parlez pas de cela. Monsieur, à qui on l'a dit, m'a fait une scène...

JUSTINE.

C'est comme Madame : parce que j'ai eu la maladresse de laisser tomber de la poche de mon tablier un vieux billet de loterie de l'année dernière, elle, qui est si douce, m'a fait un sermon... un sermon bien dur. Heureusement M. Dormeuil, le père de Monsieur, a bien voulu se charger de parler en ma faveur à Madame.

JOSEPH.

Quel honnête homme que ce M. Dormeuil! il m'a promis aussi d'intercéder pour moi près de son fils; moi, j'ai promis que je ne jouerais plus.

JUSTINE.

Vous avez bien fait; cela ne coûte rien.

SCÈNE II.

LES MÊMES, LAURENT.

LAURENT, arrive en comptant des pièces d'or. Il est vêtu comme un écrivain du Palais.

Vingt! quarante! soixante! quatre-vingts... Ah! si la rouge était sortie encore une fois?

JOSEPH.

A l'autre, à présent!

JUSTINE.

Eh quoi ! M. Laurent? un vieux clerc d'avocat... passer sa vie au trente et un?

JOSEPH.

A la roulette?

LAURENT, ricanant.

Faites-moi donc de la morale, sans rire, si vous pouvez. Où en est le cours de la Bourse, mon cher Joseph?... Comment va la loterie, mademoiselle Justine?

JUSTINE.

Mal; mais point de regrets. J'aime mieux gagner tout de suite une grosse somme.

LAURENT.

Je ne suis pas mécontent de ma matinée. Après avoir porté au Palaïs toutes les paperasses de Monsieur, je suis entré un moment dans cette maison voisine... vous savez... et là, grâce à ma petite martingale accoutumée... (Il serre son argent dans sa poche.) Eh! sans le jeu, comment pourrais-je donner de l'éducation à ma famille?

JOSEPH.

J'irais loin si je n'avais que mes gages.

JUSTINE.

Il n'y a point de profits avec Madame : une femme simple, modeste, élevée dans l'économie, chez son oncle, le fabricant de Lyon, n'aimant ni le monde ni la parure, pas l'ombre de la plus petite intrigue... il faut pourtant bien chercher à gagner sa vie.

JOSEPH.

Malheureusement, nous autres, pauvres diables, nous

ne pouvons risquer que ce que nous avons. Patience, que j'obtienne un peu de crédit, et ainsi que bien d'autres, jouant ce que je n'ai pas... j'irai plus vite.

JUSTINE.

Eh bien ! les maîtres se fâchent.

JOSEPH.

Ils se croient parfaits.

LAURENT, ricanant.

Ah oui ! parfaits... Si vous me promettiez de ne rien dire...

JUSTINE.

Un secret ! Ah ! dites donc, dites donc, M. Laurent.

JOSEPH.

Nous nous tairons.

LAURENT, en confidence.

Monsieur aussi joue à la Bourse.

JOSEPH.

Monsieur !

JUSTINE.

Un avocat ?...

LAURENT, de même.

N'avez-vous pas remarqué que, depuis peu, il s'est lié intimement avec cet homme d'affaires si élégant, si impudent ?

JOSEPH.

M. Durosay ?

LAURENT.

C'est l'agent de Monsieur. Et ce jeune homme, ce petit paysan de Saint-Brice, qui d'abord a été notre client, qui vient faire le fat à Paris, dont Monsieur et son ami Durosay ont l'air de se moquer...

JUSTINE.

M. Germon ?

JOSEPH.

Eh bien !

LAURENT.

M. Durosay le fait jouer de compte à demi avec Monsieur.

JOSEPH.

Tiens, c'est drôle : un fermier qui joue sur les rentes !

JUSTINE.

Un avocat agioteur !

LAURENT.

Cela vous surprend ? Quand on a été comme moi pendant vingt ans écrivain du Palais, on connaît le train du monde. Or, j'ai observé que presque tous les hommes, et même quelques dames, avaient deux espèces d'industrie : l'une honnête et connue, l'autre moins honorable et secrète. Avec la première on acquiert de la considération ; c'est avec la seconde qu'on fait sa fortune. Combien n'ai-je pas vu jadis d'abbés courtisans, de notaires usuriers, de grands seigneurs trafiquant de leur protection, de jeunes modistes galantes, de vieilles danseuses... obligeantes. Eh bien ! aujourd'hui, dans Paris, le métier secret est le même pour presque tous ; c'est celui de l'agiotage ; tout le monde s'en mêle. Il a bien fallu me mettre dans la confidence, moi qui tiens la plume et qui reçois les cliens. Je voyais arriver des plaideurs, puis des courers ; on m'envoyait chez un avoué, de là chez un agent de change. Clerc d'avocat et commis de banque, combien de fois ne me suis-je pas embrouillé ? Je me suis surpris, chargé d'aller lever un jugement, et demandant au greffier le cours de la rente.

JUSTINE.

Ah ! si madame savait cela ?

JOSEPH.

Et M. Dormeuil le père, lui ancien avoué, aujourd'hui administrateur d'un bureau de charité.

JUSTINE.

Silence ! le voici.

SCENE III.

LES MÊMES, DORMEUIL.

DORMEUIL.

Justine, votre maîtresse vous pardonne. Elle est si bonne, ma chère belle fille; allez la remercier; mais songez bien que c'est sous la condition que vous ne mettrez plus à la loterie.

JUSTINE.

Oh ! monsieur, jamais. (A part.) Si j'avais joué l'ambe pourtant ?

(Elle sort.)

DORMEUIL.

Bonjour, Laurent. Mon fils est au Palais; plaide-t-il ce matin ?

LAURENT.

Pour M. Fréville, votre ancien client.

DORMEUIL.

Honnête homme, très-considéré, très-digne de l'être, un peu brusque, mais loyal et franc, parent d'un ci-devant ministre, aujourd'hui ministre-d'état. Voilà les cliens que j'aime à voir à mon fils. Joseph, j'ai parlé de toi à ton maître; on te pardonne aussi. Imprudent! malheureux! tu as le bonheur d'avoir quelques fonds, et tu fais la folie de les jouer sur les rentes : est-ce que cela convient à un domestique? que dis-je! cela ne convient à personne. La Bourse! bonté du ciel! (à Laurent.) Vous n'avez pas vu mon filleul, le jeune Gautier?

LAURENT.

Ce petit bonhomme si patelin, si alerte?... Non, monsieur.

DORMEUIL.

S'il vient, qu'il m'attende chez moi : je sors. Je suis très-content de ce petit Gautier.

LAURENT.

Pourquoi donc lui avez-vous fait quitter l'étude de votre successeur, où il était troisième clerc?

DORMEUIL.

J'ai craint qu'il n'y perdît ses mœurs; je l'ai fait entrer chez M. Forlis, cet agent de change si respectable, qui, à la différence de la plupart de ses confrères, place son luxe dans le bien qu'il fait. Ah! le luxe, mon cher Laurent! il se répand de tous les côtés; je tremble depuis que je le vois introduit jusque dans la maison de mon fils. Je n'aime point la liaison de Dormeuil avec ce M. Durosay; mais, fort austère pour moi-même, je dois être indulgent pour les autres. Mon fils est jeune, un peu étourdi encore... Je vais à mon bureau de charité. Quelle jouissance pour moi ! Avoué pendant trente ans, j'ai gagné ma vie à aider dans leurs querelles les citoyens qui plaidaient les uns contre les autres ; combien il m'est doux, dans mes vieux jours, de porter la paix au sein des familles, d'offrir des consolations aux infortunés... Vous direz à Gautier de m'attendre.

(Il sort.)

SCENE IV.

LAURENT, JOSEPH.

JOSEPH.

Voilà un homme bien moral !

LAURENT, en ricanant.

Ah oui ! moral...

JOSEPH.

Eh mais ! vous avez l'air de vous moquer des vertus de tout le monde.

LAURENT.

Il fait tant le bon père, il fait tant le sensible, que je le crois égoïste et père très-insouciant.

JOSEPH.

Voici Madame...

(Il sort.)

SCENE V.

AMÉLIE, JUSTINE, LAURENT.

JUSTINE.

Combien je souffre d'avoir pu déplaire à Madame, à une aussi excellente maîtresse.

LAURENT (à part.)

Est-elle flatteuse?

JUSTINE.

Mais c'en est fait, je ne mettrai plus jamais à la loterie.

LAURENT (à part.)

Est-elle menteuse?

JUSTINE.

Puis-je espérer que Madame m'a pardonné?

AMÉLIE,

N'en parlons plus, Justine. M. Laurent, croyez-vous que mon mari revienne du Palais de bonne heure?

LAURENT.

Oui, Madame, Monsieur a plusieurs rendez-vous pour des consultations. Je retourne à mes écritures... (à part) à mes comptes courants, et si je puis m'esquiver, encore une petite martingale.

SCENE VI.

AMÉLIE, JUSTINE.

AMÉLIE, se parlant à elle-même.

Je ne le vois plus. Je ne sais à quelle heure il est rentré hier; ce matin, il me fait prévenir que ce soir nous aurons graud monde, et il part sans me dire adieu. Ah! Saint-Clair!... et n'avoir pas un ami à qui confier mes peines!...

JUSTINE.

Madame a des chagrins?

AMÉLIE.

Qui! moi, Justine?

JUSTINE.

Je ne le vois que trop. Cela me fait un mal, je suis si attachée à Madame.

AMÉLIE.

Tu te trompes. (en affectant un air gai.) Je suis heureuse..., très-heureuse.

JUSTINE.

Ah! tant mieux!

AMÉLIE, à part.

Gardons-nous de faire soupçonner ses torts. (haut.) Mais qu'est-ce que j'entends? quel bruit! voyez donc Justine.

MARCEL, dans la coulisse.

Où est-elle? où est-elle, ma chère Amélie? conduisez-moi vers elle.

JUSTINE.

Madame, je ne me trompe pas... c'est M. Marcel!

AMÉLIE.

Mon oncle! se peut-il? et moi, qui me plaignais de ne ne pas avoir un ami!... ah! je cours...

SCENE VII.

AMÉLIE, JUSTINE, MARCEL, JOSEPH.

JOSEPH, accourant.

Madame, Madame, votre oncle de Lyon! M. Marcel!

MARCEL, arrivant et embrassant sa nièce.

Oui! ma chère nièce, c'est moi, ton ami, ton tuteur, ton père.

AMÉLIE.

Ah! mon oncle, mon cher oncle, quel bonheur de vous voir!

(Joseph et Justine sortent.)

SCENE VIII.

AMÉLIE, MARCEL.

MARCEL.

Eh bien ! mon Amélie, que se passe-t-il ? que t'arrive-t-il ? tu le vois, je ne sais pas perdre un moment, quand il s'agit de toi. J'étais retenu là bas par de grandes affaires ; sur ton premier avis, j'ai tout abandonné.

AMÉLIE.

Sur mon premier avis ?

MARCEL.

Mais oui ! ne m'as-tu pas écrit que tu avais besoin de ma présence, de mes conseils, de mes services ?

AMÉLIE.

Moi, mon oncle ?

MARCEL, lui présentant une lettre.

Parbleu ! voici ta lettre.

AMÉLIE.

Quoi ! mon cher oncle, c'est sur quelques mots d'inquiétude aussi vagues...

MARCEL.

Lis toi-même : tu regrettes que je ne sois pas auprès de toi... Tu aurais des secrets à me confier... N'était-ce pas me dire que tu m'attendais ? vîte, je prends la poste et me voilà.

AMÉLIE.

Que cet empressement me touche et me pénètre de reconnaissance !

MARCEL.

Allons au fait. Nous sommes seuls; ne me cache rien,

AMÉLIE.

Si j'aimais moins Saint-Clair, je n'aurais pas à me plaindre de lui; c'est mon amour qui aggrave ses torts. Son âme est noble, généreuse; qui pourrait révoquer en doute sa probité, sa délicatesse? mais puis-je souffrir son indifférence avec résignation? Au lieu des attentions, des prévenances qu'il me prodiguait dans les premiers jours de notre mariage, il n'a plus pour moi que de froids égards... Que dis-je! a-t-il même des égards? Préoccupé sans cesse du soin de ses affaires, de ses plaisirs, il me néglige. Vous avez vu combien il était enthousiaste de son état. Eh bien, maintenant, on dirait que cet état lui pèse. A peine de retour du Palais, il court tout Paris dans un cabriolet élégant; il donne des dîners, des soirées... Enfin ses dépenses ne me paraissent pas proprionnées à sa fortune; il plaide moins souvent, et son luxe augmente.

MARCEL.

Et pourquoi garder le silence? ta sagesse, ta raison lui auraient déjà ouvert les yeux.

AMÉLIE.

Je n'inspire point ici la confiance que mon cher oncle voulait bien m'accorder : votre Amélie n'est aux yeux de son mari qu'une femme sans caractère, incapable de porter un jugement. Ses affaires sont pour moi des secrets qu'il m'est interdit de pénétrer. M. Durosay est plus heureux; il a tout pouvoir, tout crédit sur son cœur et sur son esprit.

MARCEL.

Qu'est-ce que c'est que M. Durosay?

AMÉLIE.

Un nouvel ami, qui n'habite Paris que depuis quelques mois. Saint-Clair s'est pris pour lui d'une espèce d'engouement.

MALCEL.

Et quel est l'état de ce M. Durosay?

AMÉLIE.

On dit qu'il fait des affaires. C'est un homme brillant, persiffleur, nouvelliste, grand politique, se répandant en protestations, jouant gros jeu et ne parlant que de millions. De plus, mon mari est lié avec un jeune cultivateur des environs de Paris, M. Germon, qui recherche Saint-Clair, et que Saint-Clair s'amuse à railler. Dans le peu d'occasions que j'ai de les voir, je les trouve perpétuellement agités, tantôt se livrant aux transports d'une folle joie, tantôt méditant je ne sais quels calculs... S'il faut vous dire mes craintes, je redoute que M. Durosay ne dérange mon mari, et que mon mari, aidé de M. Durosay, ne dérange le jeune Germon.

MARCEL.

Attends-donc, ma chère nièce. Saint-Clair néglige son état... il passe sa vie avec un faiseur d'affaires... voilà qui m'inquiète encore plus que toi. Il y a une manie d'agiotage, répandue dans Paris, qui a gagné jusqu'à nos provinces : qui sait si ton mari, étourdi, léger, présomptueux, ne joue pas ta dot... et peut-être plus que ta dot?

AMÉLIE.

Quoi! vous croiriez?... oh non! Saint-Clair n'est pas intéressé.

MARCEL.

On n'est pas intéressé; mais on veut briller. Si généralement on a toujours regardé l'argent comme un but, beaucoup de gens le regardent aujourd'hui comme un moyen; oui, moyen d'ambition, de vanité, de faste et de plaisirs. Et tout cela se passe sous les yeux de M. Dormeuil?... Il voit tranquillement la conduite de son fils, lui qui mène une vie si exemplaire... dont la réputation...

AMÉLIE.

Ah! mon oncle, après ce que j'ai vu depuis un an que je suis mariée, je ne me fie plus aux réputations.

MARCEL.

Comment!... M. Dormeuil a pour son fils l'affection la plus tendre, la plus expansive.

AMÉLIE.

Oui, dans ses discours on reconnaît un père pénétré de toute l'étendue de ses devoirs. M. Dormeuil vante beaucoup la vertu; mais quelquefois, j'ai peur que sous ce grand appareil de sensibilité, de sollicitude paternelle, il ne cache une âme froide et indifférente.

MARCEL.

Morbleu! j'ai bien fait d'arriver. Certes, je suis loin de blâmer toutes les opérations qu'on fait à la Bourse; mais je voudrais qu'on n'y vît que des agens de change; je voudrais qu'on n'achetât des inscriptions qu'avec ses économies, qu'on ne les revendît que pour des besoins extrêmes, surtout qu'on n'agiotât point à la hausse ou à la baisse... Et si Saint-Clair, ton mari, se mêle de spéculer...

AMÉLIE.

Calmez-vous, mon oncle : mes craintes et les vôtres sont peut-être exagérées.

MARCEL.

J'en sais assez ; j'en soupçonne encore davantage... Holà ! quelqu'un !

SCENE IX.

LES MÊMES, JOSEPH.

MARCEL, à Joseph.

Annoncez-moi chez mon neveu.

AMÉLIE.

Saint-Clair est au Palais.

MARCEL.

Eh bien ! je vais voir M. Dormeuil.

JOSEPH.

Il est à son bureau de bienfaisance.

MARCEL.

Eh quoi ! sortis tous les deux ? Il n'y a peut-être pas de mal. Un négociant ne peut pas venir à Paris sans avoir de nombreux correspondans à visiter. Je cours chez plusieurs amis, et peut-être je saurai découvrir... J'ai d'ailleurs à prendre des informations, à me mettre en mesure contre un drôle, fils d'un autre drôle, un certain Duhautcours, qui a trompé indignement un de mes confrères.

Il y a vingt ans, le père arrangeait les faillites, aujourd'hui le fils agiote : c'est une race de fripons; ils ont eu un aïeul qui, sous la régence, donnait du papier pour de l'argent dans la rue Quincampoix. Mais c'est à toi, à toi surtout que je veux songer. Ah! ma chère Amélie, moi qui croyais avoir assuré ton bonheur par ce mariage.

AMÉLIE.

Ne vous désolez pas, mon cher oncle; votre présence m'encourage; oui, puisque vous voilà, je me flatte encore de ramener Saint-Clair.

(Marcel et Amélie sortent.)

SCENE X.

JOSEPH, LAURENT.

JOSEPH, à Laurent, qui est survenu vers la fin de la scène.

Cet oncle de Madame a toujours l'air en colère.

LAURENT, en ricanant.

Eh bien! j'aurais plus de confiance en lui que dans votre cher M. Dormeuil.

JOSEPH.

Ah! par exemple... Comment? c'est ce bourru qui a trouvé grâce devant vous, monsieur Laurent?

LAURENT.

Ce n'est pas que parfois la brusquerie ne soit aussi un bon petit moyen d'hypocrisie; voici M. Durosay.

SCENE XI.

LES PRÉCÉDENS, DUROSAY.

DUROSAY.

Eh bien! mon cher Joseph, qu'est-ce que Saint-Clair

m'a dit ce matin? que tu t'avises de vendre et d'acheter à la Bourse? Ton maître t'en blâme, c'est son rôle; mais moi, je t'en fais mon compliment. Tu devrais me confier tes fonds.

JOSEPH.

Oh! Monsieur, je n'oserais jamais, pour si peu de chose, m'adresser à un homme qui a une si belle clientelle.

DUROSAY.

Pourquoi donc cela? Je ne dédaigne personne, moi; je prends tout. Monsieur Laurent, Saint-Clair est encore au Palais? Ce garçon-là néglige ses affaires.

LAURENT.

Mais, Monsieur, n'est-il pas avocat?

DUROSAY.

Avocat!... avocat!... où cela le mènera-t-il? Aujourd'hui nous avons les plus grandes opérations; il faut que nous soyons là tous deux; moi, près du parquet, pour donner, par signes, mes instructions à l'agent de change, et lui en embuscade dans les environs, pour attendre mes rapports. Mais enfin le voici.

SCENE XII.

LES MÊMES, SAINT-CLAIR.

(Saint-Clair est vêtu de noir, sa chevelure en désordre, sous son bras des paperasses, un mouchoir à la main, sa cravatte lâche, comme un avocat qui vient de plaider.)

SAINT-CLAIR.

Maudite plaidoierie! Je suis en nage. (à Joseph). Ma robe-de chambre, je n'en puis plus; j'ai parlé pendant trois heures.

Ah ! quel métier ! (à Durosay.) Bonjour, mon cher. (à Laurent.) Laurent, débarrassez-moi de ce dossier. (à Joseph, en passant sa robe-de-chambre.) Que j'apprenne encore que vous vous mêlez d'agiot, monsieur Joseph ! Un homme de votre classe, qui s'avise de spéculer, n'est pas loin de devenir fripon ; entendez-vous ? (à demi-voix, à Durosay.) Le cinq pour cent ?

DUROSAY.

Demandé hier, au foyer de l'Opéra, à 96 fr. 95 c., offert ce matin au café Anglais à 16-70.

SAINT-CLAIR.

J'en étais sûr. (à Laurent.) Ecrivez, Laurent. Article 107 et 208 du Code civil, 78 du Code de procédure. (à Durosay.) Les reports ?

DUROSAY.

Fin de mois : 30-35.

SAINT-CLAIR (à Laurent.)

Il faut prévenir l'avoué de M. Fréville ; on parle de transaction, raison de plus pour suivre avec vigueur. (à Durosay.) Les ducats ?

DUROSAY.

Onze francs quatre-vingts centimes.

SAINT-CLAIR.

Les napolitains ?

DUROSAY.

Flottans.

SAINT-CLAIR.

Les nouvelles ?

DUROSAY.

De grands changemens se préparent en Europe. J'ai vu la petite maîtresse du duc...

SAINT-CLAIR,

Physionomie générale?

DUROSAY.

La baisse.

SAINT-CLAIR.

Quand je te le disais!

LAURENT.

A-t-on prévenu Monsieur que l'oncle de Madame venait d'arriver?

SAINT-CLAIR.

M. Marcel! que diable vient-il faire à Paris? Il va me gêner, il va me retarder; je ne puis me dispenser de le voir.

LAURENT.

N'ayez pas peur, Monsieur; il est déjà en course.

(Il sort.)

SCENE XIII.

SAINT-CLAIR, DUROSAY.

SAINT-CLAIR.

Bon! J'expédie bien vite mes consultations, et je m'échappe avant son retour: tantôt j'aurai le temps de causer avec lui.

DUROSAY.

Allons, des consultations à présent! J'ai besoin de toi.

SAINT-CLAIR.

Eh! que veux-tu? Ne dois-je pas avoir au moins l'air de faire mon état? Cet oncle de ma femme encore dont il faut que je me cache...

DUROSAY.

Oh ! que tu es timide !

SAINT-CLAIR.

Après tout, dois-je le craindre? Les négocians... leur métier n'est-il pas de courir des chances?

DUROSAY.

Ah ! il est négociant?

SAINT-CLAIR.

De Lyon.

DUROSAY.

De Lyon ! (à part.) Diable ! j'ai fait parler de moi à Lyon; mais j'ai pris mes précautions.

SAINT-CLAIR.

Et puis, blâme moi tant que tu voudras, j'avoue que j'aime réellement mon état. Je me suis bien fatigué tout-à-l'heure; mais j'ai plaidé avec succès. C'était pour M. Fréville, l'ancien client de mon père. Il s'agit encore d'une faillite dont il est victime.

DUROSAY.

Il me semble t'entendre t'élever avec force contre l'avidité, l'agiotage, faire des phrases pathétiques en l'honneur du désintéressement, de l'ordre, de l'économie, des mœurs antiques et bourgeoises.

SAINT-CLAIR.

Tous mes confrères m'ont entouré pour m'accabler de complimens.

DUROSAY.

Qui t'ont bien fait rire au fond du cœur, n'est-ce pas?

SAINT-CLAIR.

Rire... non. Cela m'a flatté... cela m'a fait rougir. Ah ! c'est une belle carrière que celle de l'avocat, honorable, indépendante, qui peut mener à tout. Combien n'avons-nous pas vu de jurisconsultes appelés aux conseils du prince ou à quelque haute magistrature !

DUROSAY.

Oh ! c'est superbe, c'est magnifique; mais il faut trente ans, quarante ans... La Bourse, mon cher ! la Bourse avant tout ? Il y en a qui s'y montrent tête levée; d'autres qui s'y glissent *incognito*, d'autres qui n'y paraissent pas; mais tout le monde y joue; c'est le métier à la mode. La Bourse est le rendez-vous général de toutes les industries, de tous les talens, de toutes les conditions. On y voit le comte et le baron des deux régimes, le conseiller d'état de l'empire et celui de la restauration, le préfet en activité et le préfet appelé à d'autres fonctions, le militaire employé et le général en disponibilité, le savant, l'artisan, le magistrat, l'artiste tragique, comique, ou lyrique, confondus dans la plus parfaite égalité; c'est là qu'il n'y a pas d'aristocratie. Au milieu de ce conflit universel de tous les intérêts, l'homme habile, actif, comme moi, sans vanité, embrasse tout, observe tout, est partout; il interroge celui-ci, répond à celui-là; donne un signe de tête à droite, une poignée de main à gauche; accueille toutes les nouvelles, dément les unes, propage les autres, échappe à tous les piéges, saisit le moment favorable, gagne, perd, regagne presque aussitôt, multiplie ses opérations et ses bénéfices; et, toujours délicat, toujours désintéressé, s'abandonne au plaisir, si doux pour une âme sensible, de faire la fortune de tous ceux qui veulent bien l'honorer de leur confiance.

SAINT-CLAIR.

Tu as manqué ta vocation; tu aurais été un très-bon avocat.

DUROSAY.

Je le crois bien. Mais ne vaut-il pas mieux faire sa fortune en un tour de main?

SAINT-CLAIR.

Ou se précipiter... ; quelquefois j'en ai le frisson. Mais non, non, mes calculs sont sûrs, positifs; il est impossible que je me trompe. Et comme je peux fort bien, tout en continuant de plaider et sans m'afficher... Allons, mon cher, il faut profiter de cette baisse... ; c'est sans danger. S'il survient une hausse, elle ne peut être que bien faible, et la perte serait légère; tandis qu'en plaçant tout à la baisse, aujourd'hui même je suis millionnaire!

DUROSAY.

A la bonne heure, voilà du courage.

SCENE XIV.

LES MÊMES, GERMON.

(Germon est vêtu comme un jeune fermier des environs de Paris; habit gris, cravatte de couleur, un bâton à la main.)

GERMON.

Bonjour, les amis!

DUROSAY.

Comment? c'est toi, Germon! Qui diable t'aurait reconnu? En paysan..., avec l'habit de ton premier état!

GERMON.

Que voulez-vous ? je ne l'ai pas encore quitté, ce maudit état... Ne m'a-t-il pas fallu courir ce matin à Saint-Brice ? n'avais-je pas mes foins à rentrer ? Quelle corvée ! Et il faut que j'y retourne... ; mais c'est pour une bonne opération, cette fois : j'ai trouvé un acquéreur. Ce matin même, sans rien dire à ma femme, je vends mes biens au comptant, et demain je fais des affaires. Je suis venu seulement un instant pour prendre des titres chez un notaire de Paris, et, en passant, je suis bien aise de savoir de vous où en sont les choses.

DUROSAY.

Cela va bien : la baisse se soutient.

GERMON.

A merveille ! Tâchez de mitonner cela jusqu'à demain, et demain je vous livre tous mes capitaux pour les faire travailler.

DUROSAY.

Pourquoi pas aujourd'hui ?

GERMON.

Parce que je ne les tiens pas, et que ma vente peut manquer. Moi, je ne veux risquer que le mien. J'ai encore des préjugés... ; mais je m'en déferai.

DUROSAY.

Oui ! oui ! nous t'en déferons.

GERMON.

Quel sot métier je faisais ! Passer sa vie dans les travaux les plus grossiers, tandis qu'à Paris, en un jour..., en une heure... Ah ! si tous les fermiers avaient mon expérience..! Messieurs, concevez-vous qu'on cultive encore la terre?

SAINT-CLAIR.

Il faut vivre pourtant.

GERMON.

Oh, sans doute! (en déclamant.) Et le labourage, l'agriculture, comme disait mon professeur de quatrième; c'est bien le plus beau, le premier de tous les arts! Mais qu'est-ce qu'on y gagne? Comme j'ai été heureux d'avoir ce procès pour les limites de mon pré! C'est lui qui m'a fait connaître monsieur l'avocat Dormeuil de Saint-Clair (en tendant la main droite à Saint-Clair), chez qui j'ai rencontré ce cher Durosay (en tendant la main gauche à Durosay).

DUROSAY.

Tout à toi, de cœur et d'âme.

GERMON.

Quel bon enfant! Trouvez-donc des amis comme cela parmi les paysans?

DUROSAY.

Et la baronne?

GERMON.

Ah, mon ami, quelle femme aimable! quel bon ton!

SAINT-CLAIR.

On ne se douterait pas que c'est la veuve d'un fournisseur.

GERMON.

Elle oublie son rang avec moi; elle est d'une aisance, d'une familiarité... Oh! nous avons passé hier la soirée la plus agréable...

SAINT-CLAIR.

Un tête-à-tête? Je le dirai à madame Germon.

GERMON.

Ne va pas t'aviser de cela. Le fait est que le monde vous donne des idées.,. Nous avons joué chez elle; elle était d'un bonheur!... nous étions d'une gaîté!...

DUROSAY.

Combien as-tu gagné?

GERMON.

Oh? moi, je jouais contre elle; j'ai toujours perdu. Nous nous sommes furieusement amusés.

SAINT-CLAIR.

Ce soir, tu prendras ta revanche ici; nous comptons sur toi.

GERMEAU.

Encore une soirée!... Allons, je me lance.

SCENE XV.

Les mêmes, LAURENT.

LAURENT.

On attend monsieur pour ses consultations. Il y a ce petit libraire qui réclame contre un marché à terme; cette vieille femme dont le receveur a engagé la rente pour payer une différence.

SAINT-CLAIR.

Toujours des affaires de Bourse! Quand je pense que l'envie de jouer moi-même m'est venue d'une cause que j'ai plaidée et gagnée contre un agioteur... Vous voyez, cela me vaut des cliens; c'est ce qui a commencé ma réputation : je la soutiendrai. Durosay, je te retrouverai sur le boulevard de Gand.

(Saint-Clair et Laurent sortent.)

GERMON.

Moi, je vais reprendre le collier de misère, embrasser ma femme, mes enfans; en finir avec mon acquéreur, et je reviens avec de bons billets de banque. Dis-moi donc, Durosay; quand vous aurez mes fonds, si vous pouviez faire encore fléchir l'objet, à l'aide de quelque manœuvre adroite, de quelque bonne nouvelle bien alarmante...

DUROSAY.

Pour qui me prends-tu?

GERMON.

Bah! ne vas tu pas faire le discret avec moi? Est-ce que je ne sais pas comment cela se passe? Quand nous jouons sur les blés ou sur les avoines, au marché de Gonesse, comme l'on vous fait arriver ventre à terre un exprès pour annoncer que les grains sont en baisse au marché de Montmorency! Ah, Dieu! leur en ai-je fait!

DUROSAY.

Ah, malin! Qu'on dise encore qu'on ne fait de l'agiotage qu'à Paris!

(Ils sortent.)

FIN DU PREMIER ACTE.

ACTE SECOND.

SCENE PREMIERE.

LAURENT, FUGACCIO.

FUGACCIO.

Vous me connaissez, carissimo Laurentino. Je suis Il marquese di Fugaccio, l'heureux époux de la fameuse cantatrice, objet de l'admiratione de tutti les dilettanti.

LAURENT, ricanant.

Et de plus, faisant à la sourdine quelques opérations de Bourse avec M. Saint-Clair.

FUGACCIO.

Sicuramente. Je lui ai confié mes fonds, mes inscriptions... J'aime mieux avoir affaire à un bon ami qu'à un agent de change. Allez dire, je vous prie, à vostre padrone que je voudrais obtenir de lui une petite parole per une affaire della plus major importance.

LAURENT.

Je cours le prévenir. Monsieur le marquis, quand me donnerez-vous un billet pour aller applaudir madame?

FUGACCIO, en lui donnant un petit coup sur la joue.

Ah bricone! je t'en promets un; c'est une grande faveur!

SCENE II.

LES MÊMES, FRÉVILLE.

FRÉVILLE.

Où est-il? où est-il, mon cher avocat? Dites-lui que c'est l'heureux et reconnaissant Fréville dont il vient de plaider la cause, qui a besoin de le voir, et qui n'a qu'un mot à lui dire.

LAURENT.

J'y vais, j'y vais, monsieur. (à part.) C'est peut-être le moment des honoraires : il y aura la part du clerc.

(Il sort.)

SCENE III.

FUGACCIO, FRÉVILLE.

FRÉVILLE.

Quel talent! quelle éloquence! quel feu! comme il a parlé!

FUGACCIO, (à part.)

Ecco un signor bien joyeux. Il aura fait quelque bénéfice capital.

FRÉVILLE.

Monsieur est aussi un client de monsieur Saint-Clair?

FUGACCIO.

Si, signor, un cliente.

FRÉVILLE.

Ah! monsieur, nous avons affaire à un bien galant homme!

FUGACCIO.

A un' homme di buon gusto!

FRÉVILLE.

Un zèle...

FUGACCIO.

Une ardore...

FRÉVILLE.

Une connaissance des lois...

FUGACCIO.

Un tact' à deviner les événemens...

FRÉVILLE.

Et puis une probité...

FUGACCIO.

Oui! oui! une probité... mà il y trouve aussi son picole intérêt.

FRÉVILLE.

Sans doute; mais croyez-vous que ce soit l'intérêt qui le guide? Il a une délicatesse de conscience...

FUGACCIO.

Sicuramente. Oh! ce n'est pas una chose méprisable que la conscience; ma franchement, elle n'a rien à voir dans mon affaire.

FRÉVILLE.

Comment l'entendez-vous, monsieur? Est-ce que la conscience ne doit pas toujours.... (à part.). Voilà un plaideur qui ne me donne pas trop bonne opinion de lui.

FUGACCIO (à part.)

Quel diavolo me parle-t-il de délicatesse de conscience per un' affaire de bourse? (haut): Ecco il caro signor Saint-Clair.

SCENE IV.

LES PRÉCÉDENS, SAINT-CLAIR.

SAINT-CLAIR, encore en robe de chambre, à part, en entrant.

M'en voilà quitte, renvoyons bien vite ceux-ci.

FRÉVILLE.

Ah! voici M. Saint-Clair. Venez, venez, que je vous embrasse; vous me voyez touché, enchanté de la force de dialectique que vous venez de déployer; ce n'est pas parce que vous plaidiez pour moi; mais vrai, vous avez parlé comme un ange; j'en pleure de plaisir.

SAINT-CLAIR.

Où est donc le mérite de défendre une bonne cause? (A Fugaccio). Votre serviteur, signor Fugaccio; je suis à vous dans l'instant.

FRÉVILLE, bas à Saint-Clair.

Dites-donc, j'ai peur que la cause de ce monsieur ne soit pas aussi bonne que la mienne. Prenez-y garde. Or ça, il faut achever votre ouvrage, mon cher avocat. Vous savez qu'effrayés de votre plaidoierie, ils proposent une transaction; point de transaction. Nous gagnerons en première instance, sur appel; cependant on ne peut se dispenser de les entendre. Aujourd'hui, à trois heures, rendez-vous chez leur avocat, qui se trouve être votre ancien.

SAINT-CLAIR.

Aujourd'hui? je ne peux pas; il faut remettre à demain.

FRÉVILLE.

Impossible! ah! je vous en prie, mon cher Saint-Clair, ne m'abandonnez pas; c'est l'affaire d'un quart-d'heure: dès que vous aurez signifié mon ultimatum, nous pourrons nous retirer. Voulez-vous que je vienne vous prendre?

SAINT-CLAIR.

C'est inutile. Allons, puisque vous le voulez, je m'y rendrai de mon côté. (A part.) Je trouverai bien un moment...

FRÉVILLE.

Ah! que vous êtes bon. A trois heures! n'oubliez pas.

SAINT-CLAIR.

Non! non!

FRÉVILLE, revenant sur ses pas.

Songez qu'il y va de l'intérêt public de démasquer, de punir un homme comme ma partie adverse qui, revêtu d'un caractère honorable, transforme son cabinet en agence d'affaires, risque des sommes qu'il a reçues en dépôt...; mais qu'ai-je besoin de vous dire tout cela? vous en avez parlé à l'audience avec tant de force, d'indignation.... A tantôt...., à tantôt, mon cher avocat. (Il sort.)

SCENE V.

SAINT-CLAIR, FUGACCIO.

SAINT-CLAIR.

En deux mots, que me voulez-vous, mon cher Fugaccio?

FUGACCIO.

Avez-vous entendu chanter la mia sposa, dans la soirée d'hier?

SAINT-CLAIR.

Non.

FUGACCIO.

Ah! tant pis! caro amico. Elle a été divine.

SAINT-CLAIR.

Fort bien; mais...

FUGACCIO.

Surtout dans cette belle cavatine (il frédonne en contrefaisant la voix de femme.) che mi sento...

SAINT-CLAIR.

Enfin...

FUGACCIO.

Eh bien! carissimo, est-ce la hausse, est-ce la baisse que nous poursuivons aujourd'hui? Vous avez tutta ma confiance; je m'en rapporte entièrement à vous; mais encore on est bien aise de savoir... Perche! quand je connais le jeu qu'on joue pour moi, tout en me promenant sur les boulevards, j'ai la satisfaction d'apprendre si je perds ou si je gagne.

SAINT-CLAIR.

A la baisse.

FUGACCIO.

J'aurais penché pour la hausse; ma vous devez être piou au fait qu'un povéro étranger comme moi: va pour la baisse. Ah! mio amico, je me trouve dans un grand besoin d'argent: il faut que je vous raconte une très-vive discussione dans laquelle je suis engagé avec il directore dell' théâtre.

SAINT-CLAIR.

Parlez, parlez toujours, mon cher Fugaccio. (Il appelle) Laurent! (A Fugaccio), vous permettez... (à Laurent qui entre), copiez bien vite, là, cette note pour la marquise d'Olban contre son intendant...; (à Fugaccio) je vous écoute; vous dites donc, mon cher Fugaccio?.....

(Il tire de sa poche un calepin avec un crayon, et il s'occupe à faire des calculs, tandis que Fugaccio parle.)

FUGACCIO.

Vous savez que ma femme, après avoir acquis par son talent une fortune immense et une réputatione... européenne, a été bien aise de se procurer dans le monde un rang distingué, un nom illustre, et qu'alors moi, marquis di Fugaccio, qui me trouvais rovinate à la suite d'une jeunesse orageuse, j'ai été entraîné à l'épouser per l'amor de ses charmes et mon enthousiasme des beaux-arts...

SAINT-CLAIR.

Sans parler de ses cinquante mille francs d'appointemens. (à part.) Un franc de baisse..., cent cinquante mille francs.

FUGACCIO.

Vous saurez que votre engagement porte....

SAINT-CLAIR.

Comment! votre engagement...

FUGACCIO.

Figurez-vous que je me suis tellement identifié avec la signora Fugaccio que, presque toujours, dans la conversation, je me substitue à elle-même. Dans la crainte d'altérer sa voix, elle ne se mêle d'aucune affaire, c'est moi qui discute pour elle, avec il directore, il poëta, il maestro ; je me qnerelle avec ces dames ; un militaire impose davantage. Or, on veut me retirer mes appointemens ; vous comprenez, mon bon ami, que si l'on me retient mes appointemens de cantatrice, j'ai encore bien piou besoin de gagner à la Bourse.

SAINT-CLAIR, qui a continué ses calculs.

Oui, oui, Capisco. (à part.) Sept francs de baisse, et j'arrive à un million.

SCENE VI.

LES MÊMES, JOSEPH.

JOSEPH.

Voilà M. Marcel qui revient, il est chez Madame.

SAINT-CLAIR.

Diable ! mon cher Fugaccio, vous me faites perdre mon temps. Je ne puis plus lui échapper maintenant, mais je ne lui dirai qu'un mot. Avez-vous fini, Laurent ? Bon, je signe. (à Fugaccio.) Allons, allons ; mon cher, comme votre associé, je veux vous faire gagner à la baisse ; et comme votre avocat, je vous ferai payer vos appointemens de prima donna. Viens m'habiller, Joseph.

(Il sort avec Joseph.)

FUGACCIO.

O ché félicita ! trouver dans un seul ami, un associé de Bourse et un avocat ; humilissimo servo, carrissimo Laurentino.

(Il sort en chantant : *che mi sento.*)

SCENE VII.

LAURENT, seul ricanant.

Joueur, gourmand, petit lovelace ultramontain, monsieur le marquis Fugaccio dépense l'argent de sa femme encore plus lestement qu'elle ne le gagne.

SCENE VIII.

LAURENT, JUSTINE.

JUSTINE.

Ah! M. Laurent, nous nous flattions que l'arrivée de M. Marcel allait faire renaître la gaîté dans l'âme de Madame; là voilà plus triste que jamais. Et M. Marcel vient de rentrer avec une humeur..., il demande à haute voix M. Dormeuil, M. Saint-Clair, comme pour les quereller.

LAURENT, en ricanant.

Eh bien! cela va mettre du mouvement dans la maison; des querelles!... cela distrait...

JUSTINE.

Vous avez raison, cela interrompt la monotonie; mais j'aime tant Madame!

LAURENT.

Quoi! cette femme simple, modeste, chez laquelle il n'y a pas les plus petits profits.

JUSTINE.

Oh! je ne nie pas ses défauts; mais je lui suis sincèrement attachée, et cela m'afflige de la voir dans la peine. La voici qui vient avec son oncle.

LAURENT.

Retirons-nous; de la discrétion, mademoiselle Justine.

(Il sort avec Justine.)

SCENE IX.

MARCEL, AMÉLIE.

MARCEL.

Ventrebleu! ma chère amie, on m'a débité de belles choses sur l'ami de ton mari, sur ce Durosay. Il y a peu de temps qu'on le connaît, et déjà il est au premier rang parmi les intrigans de la place.

AMÉLIE.

On ne vous a pas dit que Saint-Clair jouât sur les rentes?

MARCEL.

Non.

AMÉLIE.

Je respire.

MARCEL.

Mais, je n'en suis pas plus rassuré. Presque tous ceux à qui je me suis adressé trouvent l'agiotage une chose toute simple, une manière de placer son argent. Quant à son père, M. Dormeuil...

AMÉLIE.

Est-ce qu'on douterait de ses vertus?

MARCEL.

Ma foi! il y met tant d'affectation... Pourrai-je les voir enfin?

AMÉLIE.

Voici M. Dormeuil.

SCENE X.

LES MÊMES, DORMEUIL.

DORMEUIL.

Vous à Paris, mon cher M. Marcel ? ah ! que je suis aise de vous voir ! Il fallait donc me prévenir, j'aurais tout quitté.

MARCEL.

Monsieur...

DORMEUIL.

J'espère que vous logez avec nous.

AMÉLIE.

L'appartement de mon oncle est prêt.

DORMEUIL.

Fort bien, ma bru. N'êtes-vous pas chez vous, quand vous êtes chez mon fils..., chez moi ?... L'avez-vous déjà vu, ce cher Saint-Clair ?

MARCEL.

Pas encore.

DORMEUIL.

Avec quel transport il va vous embrasser ! Je me flatte que votre voyage n'a que des motifs agréables.

MARCEL, en regardant sa nièce.

Je viens tout exprès... pour une bonne action.

DORMEUIL.

Je vous reconnais..., oh ! les bonnes actions ! j'en fais mon étude : comme c'est touchant. Mon fils et moi, nous vous rendons bien justice ; demandez, demandez à votre chère nièce tout le mal que nous disons de vous ; (lui serrant les mains) vous ne savez pas combien nous vous aimons.

MARCEL.

Monsieur..., vous m'embarrassez...

DORMEUIL.

Quel cadeau vous nous avez fait en nous donnant cette chère Amélie; c'est la douceur, la bonté même, c'est un vrai trésor! c'est un ange!

AMÉLIE.

Monsieur, en ma présence, au moins, épargnez-moi tant d'éloges.

DORMEUIL.

Oh! moi, j'aime à proclamer ce que je pense.

MARCEL.

Et vous êtes toujours satisfait de la conduite de Saint-Clair?

DORMEUIL.

Mon fils! c'est un jeune homme charmant, accompli.

MARCEL.

Et il suit toujours son état avec zèle?

DORMEUIL.

Avec trop de zèle; je crains qu'il ne se fatigue la poitrine. Vous me connaissez, il n'entre pas dans mes manières de me faire valoir, non plus que les miens. Mon fils! il a déjà une très-jolie clientelle. Je sais bien que mon nom ne lui a pas nui; mais enfin ses succès augmentent tous les jours; il fera son chemin. Je le vois d'ici magistrat, maître de requêtes, baron, et alors, sa considération, appuyant la mienne, qui sait si, aux premières élections, mes concitoyens ne jetteront pas les yeux sur moi... Ah! voilà les fruits d'une bonne éducation. Allons, allons, ni vous ni moi, nous n'avons fait un mauvais marché. La famille Dormeuil...

MARCEL.

Est très-honorable. Laisse-nous, ma chère Amélie.

AMÉLIE.

Mon oncle...

MARCEL.

Retire-toi; j'ai à parler à Monsieur.

AMÉLIE.

(Bas à Marcel.) De grâce...; point d'éclat.

MARCEL.

Sois tranquille.

(Amélie sort.)

SCENE XI.

MARCEL, DORMEUIL.

DORMEUIL (à part.)

Quelle grande affaire a-t-il donc à traiter avec moi?

MARCEL.

Monsieur..., vous êtes père de famille.

DORMEUIL.

Et je m'attache avec un religieux scrupule à en remplir tous les devoirs.

MARCEL.

Vous avez sans doute placé au premier rang de ces devoirs l'établissement de vos enfans?

DORMEUIL.

N'en ai-je pas donné des preuves?

MARCEL.

Même soin m'a toujours animé ; et ce n'est pas sans réflexion que j'ai confié à M. votre fils le sort de ma nièce. J'ai voulu pour elle un mari dont l'état indépendant et susceptible de procurer de la considération, fût moins sujet aux caprices de la fortune: j'ai fait choix d'un avocat. La naissante réputation de Saint-Clair et votre bonne renommée ont flatté mon orgueil; mais c'était St-Clair, avocat, exerçant exclusivement sa noble profession, que je croyais attacher à ma famille. Maintenant, Monsieur, quelle opinion puis-je avoir d'un jeune homme qui, à peine marié depuis un an, affiche un luxe insolent, se livre à des dépenses immodérées?

DORMEUIL.

Ah! voilà ce qui m'afflige...; mais il n'y a pas là de vices de cœur.

MARCEL.

Et si ce luxe, ces dépenses, toutes ces brillantes liaisons avec les élégans du jour, les femmes à la mode, et les hommes d'affaires les plus répandus, couvraient des pratiques encore plus dangereuses? Si Saint-Clair ne sortait de l'audience ou de son cabinet que pour aller jouer à la Bourse?

DORMEUIL.

Oh! grand Dieu! que dites-vous là?

MARCEL.

Ne serait-ce pas une action... déloyale, tranchons le mot, d'avoir reçu, comme avocat, une dot de deux cent mille francs, et de s'en servir pour se faire agioteur?

DORMEUIL.

Oui, sans doute, monsieur; mais c'est une calomnie... une odieuse calomnie. Eh! qui peut donner lieu à une accusation aussi étrange?

MARCEL.

Oh! qui...

DORMEUIL.

Serait-ce ma belle-fille?

MARCEL.

Non. Ma pauvre Amélie se plaint seulement d'être délaissée par un ingrat qu'elle aime encore.

DORMEUIL.

J'aurais été étonné qu'elle se fût permis légèrement... Oui, cela m'aurait fait une peine... Mais alors, d'où viennent vos soupçons?

MARCEL.

Enfin, monsieur, Saint-Clair joue-t-il à la Bourse?

DORMEUIL.

Eh! monsieur, vous m'interrogez... En supposant que cela fût, le saurais-je? Mon fils ne se cacherait-il pas de moi? ne connaît-il pas trop bien mes principes? Car, Dieu merci, M. Marcel, tout le monde rend justice à mon amour, à ma sollicitude pour mes enfans, à l'esprit d'ordre, d'équité, de bienfaisance, aux idées morales et philantropiques qui président à toutes mes actions.

MARCEL (à part.)

Allons, il se vante au lieu de répondre. (haut.) Eh! monsieur, ce n'est pas de vous qu'il est question.

DORMEUIL.

J'entends bien; mais c'était pour vous faire sentir que

M. Dormeuil le fils ne peut dégénérer au point... ; mais il suffit que le plus léger soupçon soit venu jusqu'à vous pour que nous cherchions à voir s'il est fondé, et plus tôt que plus tard. Justement je crois l'entendre. Ah Dieu! si cela était vrai, j'en ferais une maladie... j'en mourrais.

MARCEL (à part.)

Le fils va nier, le père feindra de le croire; il faut pourtant que je sache à quoi m'en tenir. Par quel moyen ?.. J'y suis.

SCENE XII.

LES MÊMES, SAINT-CLAIR.

SAINT-CLAIR, vêtu avec beaucoup d'élégance.

Eh! bonjour donc, mon cher oncle. Je devrais vous gronder; comment? vous me faites un mystère de votre voyage?

MARCEL.

Oui, j'aime à surprendre mes gens. Eh! mais, mon cher neveu, quelle élégance! qui diable reconnaîtrait un avocat sous ce brillant négligé?

SAINT-CLAIR.

J'aime à suivre les modes.

MARCEL.

A la bonne heure. Ton père et moi nous avons à causer avec toi.

SAINT-CLAIR.

Pardon; mais on m'attend. Nous avons du temps; vous ne partez pas encore?

DORMEUIL.

Mon fils, il s'agit d'une chose très-importante.

MARCEL.

Un seul mot; il m'est revenu que tu te livrais à quelques spéculations sur les effets publics.

SAINT-CLAIR.

Moi?

DORMEUIL.

Oui, toi; réponds.

MARCEL.

Conçois-tu ton père qui s'alarme, qui te fait un crime d'une chose aussi simple. Ah! parbleu! il vous sied bien, messieurs les hommes timides ou timorés, de blâmer nos actions. Il faut grossir ses capitaux, mon neveu; c'est le principe de nous autres négocians. Si je te disais que moi qui te parle, je viens tout exprès à Paris pour essayer aussi, avec prudence, quelques petites opérations sur les rentes.

SAINT-CLAIR.

Vous, mon oncle? (à part.) j'avais bien deviné.

DORMEUIL (à part.)

Où veut-il en venir?

SAINT-CLAIR, étourdîment.

Comment, mon oncle, vous ne me désapprouveriez pas?

MARCEL.

Te désapprouver!... je t'en fais mon compliment.

SAINT-CLAIR.

Et vous-même, vous viendriez à Paris...

MARCEL.

Pour suivre ton exemple, mon ami.

SAINT-CLAIR.

Eh bien ! mon oncle, nous ferons des affaires ensemble ; je m'offre à vous servir de guide.

DORMEUIL.

Comment ! il est donc vrai?...

MARCEL.

Ah ! tu t'en mêles aussi !

SAINT-CLAIR.

Et pourquoi m'en cacherais-je ? je n'en ai point parlé à mon père ; mais avec vous, qui connaissez tout le prix d'une grande fortune, je ne veux point faire mystère de ma conduite, d'autant plus que mon jeu est sûr, infaillible. Les talens et l'esprit ne nuisent dans aucune carrière ; et comme grâce au ciel je n'en suis pas dépourvu...

MARCEL.

Ah ! tu n'es pas non plus dépourvu de présomption.

SAINT-CLAIR.

La Bourse est une science aussi difficile dans sa théorie que dans sa pratique, et je me flatte de la posséder. Les succès, comme les revers, sont liés aux plus hautes combinaisons de la politique. J'établis mes calculs sur les grands changemens que je prévois dans le système social, l'esprit, les mœurs et les intérêts des nations ; je suis abonné à tous les journaux ; j'y démêle la vérité !

MARCEL.

Peste ! c'est être habile.

SAINT-CLAIR.

Mon père blâme ma dépense ; mais c'est un moyen de

succès. Aujourd'hui, pour réussir en affaires d'amour, en affaires d'intérêts, dans les élections politiques ou académiques, il faut recevoir, dépenser. Vous verrez chez moi la meilleure compagnie, la noblesse, la finance, la haute bourgeoisie, des hommes d'état du savoir le plus profond, écrivant dans les gazettes, des diplomates choisis parmi les plus riches banquiers, des poètes divins, chefs de bureau dans les ministères, excellens comptables. C'est dans le monde, dans les promenades, dans les spectacles, au foyer de l'Opéra surtout, que se traitent les grandes opérations de la galanterie, de la diplomatie et de la Bourse.

DORMEUIL (à part.)

L'étourdi! comme il se livre!

MARCEL.

Bravo! mon neveu; c'est à toi de m'initier dans tous ces beaux mystères.

SAINT-CLAIR.

Avec plaisir, mon cher oncle. J'ai de la santé, de la jeunesse, et je peux suffire à tout. Loin que cela me détourne de mon état, c'est une espèce d'aliment pour mon imagination. Les avocats ont toujours été joueurs; tour-à-tour ils ont joué à la bouillotte, à l'écarté; moi, je joue à la Bourse. En matière de procédure et de jurisprudence, c'est mon père que je dois consulter; mais en matière de finance et de spéculation, mon cher oncle, je ne veux prendre que vos avis.

MARCEL.

Mon cher neveu, c'est moi qui réclamerai les tiens.

SAINT-CLAIR.

Eh bien! nous nous en donnerons réciproquement. A tantôt; sans adieu.

MARCEL.

Un moment, mon neveu ; il faut que tu saches... écoute-moi.

DORMEUIL.

Eh mais! mon fils, vous vous perdez.

SAINT-CLAIR, en sortant.

Mon père, ne vous effrayez donc pas... mon oncle, rassurez mon père.

MARCEL.

Oh! il faut que tu m'entendes... Il m'échappe... il ne me laisse pas le temps de le détromper... morbleu!

SCENE XIII.

MARCEL, DORMEUIL.

MARCEL.

Eh bien! Monsieur, mes inquiétudes étaient-elles mal fondées?

DORMEUIL.

Vous me voyez consterné.

MARCEL.

Vous conviendrez que si vous aviez un peu mieux surveillé la conduite de votre fils?...

DORMEUIL.

Suis-je responsable des actions de mon fils? Il est établi, marié, il ne dépend plus de moi; s'il fait des fautes, doit-on me les imputer? Mais combien j'en gémis; que de légèreté, que d'inconséquence! il court à sa ruine. Ce n'est pas que s'il lui arrivait quelque malheur, je ne m'empressasse, en bon père, de venir à son secours... Et vous-même, Monsieur, oncle de sa femme, bon et sensible comme vous l'êtes...

MARCEL.

Ma foi, Monsieur, je suis à ma nièce de tout cœur; mais si son mari fait des extravagances, tant pis pour lui.

DORMEUIL.

Il faut que je le revoie, et qu'employant avec lui toute l'influence, toute l'éloquence paternelle... Mais quel vertige s'est emparé de toutes les têtes? Il n'y a plus de repos pour les familles. C'est donc une maladie épidémique, une corruption générale!...

MARCEL.

Voilà de belles phrases, Monsieur; votre fils s'en permet s'en doute de pareilles à l'audience, et cela ne l'empêche pas de se livrer à l'agiotage. Quant à moi, je ne vois qu'un moyen de me rassurer... Une séparation de biens en bonne forme.

DORMEUIL.

Ah! Dieu! quel scandale! Au nom du ciel, Monsieur...

MARCEL.

Voyez votre fils. Si demain je n'ai pas la garantie qu'il renonce pour jamais à ses folies... je sais ce qui me reste à faire.

(Il sort.)

SCENE XIV.

DORMEUIL, seul.

Ce Monsieur Marcel aurait bien dû rester dans sa manufacture. Oui, sans doute, il faut que je parle à mon fils. Un imprudent comme lui, jouer à la Bourse et en convenir! N'est-il pas affreux que la considération des pères soit attachée à celle de leurs enfans? car enfin si cela vient à s'ébruiter, le voilà compromis, et le mal rejaillit sur moi... Mais ce petit Gautier, que j'attends depuis ce matin, qui ne paraît pas... est-ce qu'il se dérangerait?... j'ai besoin de le voir. Ma nouvelle est sûre, je la tiens de bonne part; excepté moi et quelques affidés, personne ne la sait... Ah! le voici...

SCENE XV.

DORMEUIL, GAUTIER.

GAUTIER, passant sa tête à travers la porte.

Etes-vous seul, mon parrain?

DORMEUIL.

Oui! oui! je suis seul, avance. Pourquoi n'être pas venu ce matin? ne te l'avais-je pas ordonné?

GAUTIER.

Oh! mon parrain, si vous saviez combien j'ai eu de besogne chez l'agent de change... D'après l'éloge que vous avez fait de ma moralité, c'est toujours moi qu'on envoie chez les gens comme il faut, pour être plus sûr du secret, et nous avons affaire à beaucoup de gens comme il faut. Partout on me reçoit avec une politesse, une affabilité, une amitié... Oh! mon parrain, si vous vouliez encore m'aider!... Vous avez été bien bon de me placer dans une maison respectable, où l'on n'entend que des discours édifians; je m'y suis déjà bien formé, et j'ai pensé que je pourrais faire de petites affaires pour mon compte; j'ai déjà commencé.

DORMEUIL.

Comment, petit serpent, tu souffles des cliens à ton agent de change?

GAUTIER.

Il en a tant! est-ce pour lui faire du tort? c'est pour me faire du bien. Chacun pour soi.

DORMEUIL.

Conduis-toi toujours en bon sujet, et... nous verrons. (en confidence.) Tout le monde est sorti; nous sommes seuls. Écoute, tu as de l'intelligence, de l'esprit.

GAUTIER.

Oui, mon parrain.

DORMEUIL.

Cependant, j'ai cru devoir rédiger mes instructions par écrit; prends cette note. (Il lui remet un papier.) Tu vois, je change mon jeu; je place tout à la hausse.

GAUTIER.

A la hausse! avez-vous bien réfléchi, mon parrain?

DORMEUIL.

Oui! oui!

GAUTIER, d'un air très-curieux.

Sauriez-vous quelque nouvelle?

DORMEUIL.

Du tout. J'ai des idées, quelques pressentimens... Point de questions... tout à la hausse, entends-tu...; et demain de bonne heure, apporte-moi mon réglement de compte avec M. Forlis.

GAUTIER.

Oui, mon parrain.

DORMEUIL.

Tu sais que je ne suis pas un joueur, moi?

GAUTIER.

Non, mon parrain.

DORMEUIL.

Qu'est-ce que je cherche? l'emploi avantageux d'un petit capital que j'ai mis en réserve; et pour qui? pour ma famille... et pour les pauvres... tu ne l'ignores pas, je me ruine en souscriptions!...

GAUTIER.

Vous êtes si généreux, mon parrain.

DORMEUIL.

Surtout, ne me nomme pas.

GAUTIER.

Ah! mon parrain, jamais...

DORMEUIL.

Va-t-en, va-t-en, et compte toujours sur moi.

GAUTIER.

Oh! mon parrain, avec votre appui, j'irai loin, et quelque jour je ferai un grand mariage.

(Il sort.)

SCENE XV.

DORMEUIL, seul.

Il est gentil, mon filleul; il ressemble à sa mère. Ne me parlez pas de ces agens fats, rusés, fanfarons : vive mon petit Gautier! c'est discret, c'est dévoué... c'est niais à faire plaisir... Je ne le quitterai que quand il aura pris un cabriolet. Allons méditer ce que j'ai à dire à mon fils.

(Il sort.)

ACTE TROISIÈME.

SCENE PREMIERE.

DORMEUIL, SAINT-CLAIR.

DORMEUIL.

Mon fils, puis-je avoir un moment d'entretien avec vous?

SAINT-CLAIR.

Parlez, mon père.

DORMEUIL, assis.

Asseyez-vous, et veuillez m'accorder toute votre attention.

SAINT-CLAIR, en s'asseyant.

J'écoute.

DORMEUIL,

Vous connaissez toutes les peines, tous les sacrifices que je me suis imposés pour votre éducation. Je vous ai fait élever aux frais du gouvernement dans un lycée de Paris; j'ai trouvé dans la faiblesse de votre santé un moyen de vous soustraire à la loi qui appelle tous les jeunes gens à l'armée; au lieu de faire de vous un avoué, j'ai dirigé vos inclinations vers la profession plus noble et plus indépendante d'avocat, et j'ai mieux aimé vendre ma charge à un autre que de vous la céder. Je serais loin de faire valoir toutes ces marques d'affection, si je ne voyais que vous les avez déjà oubliées.

SAINT-CLAIR.

Je m'en souviens parfaitement, mon père.

DORMEUIL.

Prouvez-le-moi donc, en me promettant de renoncer à des spéculations dangereuses.

SAINT-CLAIR, se levant.

Eh quoi ! mon père, n'est-ce que cela ?

DORMEUIL, restant assis.

Toujours impatient, toujours pressé dès que votre père vous parle.

SAINT-CLAIR.

Vous voyez que tout le monde ne partage pas votre opinion : l'oncle de ma femme, M. Marcel, m'approuve et m'encourage.

DORMEUIL, se levant.

Insensé ! apprends que ton amour-propre t'a rendu la dupe des discours de M. Marcel.

SAINT-CLAIR.

Que dites-vous ?

DORMEUIL.

Comment as-tu été assez vain, assez aveugle pour ne pas voir qu'il cherchait à obtenir de toi un aveu ?

SAINT-CLAIR.

Eh quoi ! c'était une feinte ? Vous aussi, mon père ! vous me trompiez ?

DORMEUIL.

Mon fils, je ne sais ni tromper ni mentir. M. Marcel m'avait interrogé ; et, plein de confiance en toi, j'avais nié avec toute la force que peut donner une intime conviction. Juge combien j'ai souffert... combien mon cœur paternel a été navré, quand tu as imprudemment avoué devant moi... des choses que je n'aurais pu croire, si je ne les avais entendues de ta propre bouche.

SAINT-CLAIR.

Quel rôle m'a-t-on fait jouer !

DORMEUIL.

C'est par suite de ses soupçons que Marcel a fait le voyage de Paris; et même, si je ne me trompe, c'est ta femme qui a réclamé son intervention.

SAINT-CLAIR.

Ma femme?... Fort bien, Madame; c'est vous qui me valez ces scènes ridicules. Ah! je suis outré.

DORMEUIL.

Point d'emportement.

SAINT-CLAIR.

Et comment me contiendrais-je?

DORMEUIL.

Écoute-moi, Dormeuil. Certes, tu as grand tort de jouer à la Bourse. O Dieu! je frémis quand j'y pense; mais ce qui me fâche encore plus, c'est que tu sembles en tirer vanité. Songe que tu me compromets, que tu nous compromets tous. Eh, mon Dieu! je ne suis pas aussi exigeant, aussi sévère qu'on pourrait le croire. Ce M. Marcel est un brave homme, mais un peu exagéré; je ne le suis pas, moi; et même si tu avais un peu plus d'expérience... je ne t'approuverais pas; mais peut-être fermerais-je les yeux.... M. Marcel va venir; je lui ai promis de te parler; ne l'effarouche pas, crains de le pousser à des extrémités...

SAINT-CLAIR.

Quelles extrémités?

DORMEUIL.

Eh mais... à des démarches qui pourraient altérer la considération de la famille. C'est lui... Du calme, de la prudence; quand ce ne serait que pour moi, je t'en conjure.

SCÈNE II.

LES MÊMES, MARCEL.

MARCEL.

Eh bien! votre père vous a fait connaître ma pensée?

SAINT-CLAIR.

Oui, Monsieur. Ainsi c'est un piége que vous me tendiez? Je suis franc, moi, je ne cache point mes actions. Qui a le droit de les blâmer? Suis-je un enfant? suis-je un mineur? Dira-t-on que mes spéculations me font négliger mon état? Je le suppose : si je veux le négliger, si je veux le quitter même, qui a le droit de s'y opposer? Mais, non, non! grâce au ciel, j'ai assez de ressources dans mon talent, dans mon activité, pour faire tout marcher de front.

MARCEL.

Vous voilà bien fier.

SAINT-CLAIR.

Ne dois-je pas me trouver offensé qu'on veuille me dicter des lois? Et quel motif avez-vous de vous plaindre?

Votre nièce a-t-elle rien à désirer? Que lui manque-t-il?

MARCEL.

La tranquillité, la confiance et l'attachement de son époux.

SAINT-CLAIR.

L'attachement?... Je n'ai point sans doute pour ma femme un amour romanesque; mais j'ai cet amour qui convient dans le monde. Je suis assez surpris qu'elle s'inquiète, qu'elle se tourmente, précisément lorsque je m'occupe d'augmenter notre fortune. Quel désir plus raisonnable un homme peut-il avoir?

MARCEL.

Celui de conserver et d'accroître sa considération.

SAINT-CLAIR.

Eh bien! la considération s'acquiert par les richesses.

MARCEL.

Dites par les talens... la bonne conduite.

SAINT-CLAIR.

L'opulence seule les fait valoir; l'argent conduit à tout. Tel homme d'état n'a dû son élévation et son habileté qu'à ses millions. Aujourd'hui il n'y a plus que deux classes; le riche et le pauvre.

MARCEL.

Eh quoi! tu ne mets aucune différence entre la sottise et l'esprit, le savoir et l'ignorance, la friponnerie et la probité? Toi, chargé de défendre les intérêts des familles, jouer à la Bourse!... (à Dormeuil.) Mais parlez donc... Secondez-moi donc, vous qui êtes son père.

DORMEUIL.

Oui, oui, Monsieur, je me fais un devoir de vous seconder. Demandez à mon fils ce que je lui disais tout-à-l'heure, Qu'exige-t-on de toi, Saint-Clair ? Que tu ne désoles point ta femme, ton vieux père. Ne suis-je pas bien à plaindre de voir mon fils me résister? est-ce que la Bourse, ce temple des joueurs, n'apparaît point à tes yeux comme un antre funeste, comme un gouffre épouvantable...

MARCEL.

Où quelques fortunes s'élèvent, où presque toutes vont s'engloutir, où l'homme qui a quelque chose va risquer son or contre celui qui n'a rien, où l'on va demander au hasard de récompenser la paresse par des trésors.

DORMEUIL.

Écoute, écoute ce que te dit M. Marcel.

SAINT-CLAIR.

Monsieur, je suis sensible à l'intérêt que vous me témoignez; je vous en veux toujours d'avoir employé la ruse avec moi; mais à présent que nous parlons à découvert, pourquoi donc blâmez-vous nos spéculations ? vous, fabriquant, négociant, manufacturier, qui vantez sans cesse le commerce, l'industrie, qui semblez même vous faire honneur de vous exposer à des dangers réels, le tout pour vous enrichir ?

MARCEL.

Morbleu ! il vous sied bien de comparer l'agiotage à la noble profession du commerce. Oui, je m'honore de vanter sans cesse l'industrie et ses nombreux progrès ; mais l'industrie qui, en étant utile à moi-même, l'est également à mes semblables, à mon pays : c'est pour cette bonne et louable industrie que je m'expose à des chances, à des dangers. Mais vous ! de quel avantage pouvez-vous être aux autres ? Il n'y a que de l'égoïsme dans vos spéculations ; il y a de la bienveillance pour autrui et de l'amour du bien public dans les miennes. Pour moi, un revers n'est point honteux ; pour vous, le succès même doit vous faire rougir.

SAINT-CLAIR.

Eh bien ! je suis utile à la société dans ma profession d'avocat. M'est-il défendu de penser à m'enrichir, en faisant valoir mon argent ? Au surplus, je n'attends rien de personne... je n'ai besoin de personne.

DORMEUIL.

Vas... tu n'es qu'un ingrat.

MARCEL.

Vous faites des affaires, et vous n'avez besoin de personne ? Adieu, Monsieur... Je me souviendrai de vos paroles.

(Il sort.)

DORMEUIL, suivant Marcel.

Monsieur Marcel, de grâce, point de démarches précipitées. (revenant à son fils.) Mon fils, je t'en supplie, réfléchis au scandale... Je marche sur les pas de M. Marcel, pour tâcher de le fléchir. Un éclat... du bruit... et les journaux ! Juste ciel ! à quelles épreuves cruelles condamnez-vous un malheureux père de famille !

(Il sort.)

SAINT-CLAIR, seul.

Des menaces !... Ah ! qu'on ne se flatte pas de me dominer... Et c'est Madame qui s'est avisée de se plaindre à son oncle ? Certes, j'aime beaucoup ma femme ; mais je ne suis pas fâché de saisir cette occasion de lui tracer la ligne de ses devoirs. (appelant.) Eh ! quelqu'un ! Joseph ! Avec de la fermeté et du sang-froid, on se fait respecter. Je suis furieux !

SCENE III.

SAINT-CLAIR, JUSTINE.

SAINT-CLAIR, à Justine qui entre.

Ah ! c'est vous, Mademoiselle ; prévenez votre maîtresse que je veux lui parler.

JUSTINE.

Monsieur ne passe pas chez madame? madame est seule.

SAINT-CLAIR.

Dites-lui que je l'attends ici ; allez, allez donc, mademoiselle.

JUSTINE.

J'y vais, monsieur. (A part.) Oh ! comme il est brusque ! il était si aimable avant le mariage.

(Elle sort.)

SAINT-CLAIR, seul.

Lorsqu'une fois un mari se laisse manquer impunément, il compromet son avenir. Tout cela me retarde ; l'heure approche où ma grande affaire va se décider. Encore quelques instans, et j'ai la fortune que j'ambitionne. Et mon rendez-vous chez mon confrère pour M. Fréville... Oh ! ma foi, on m'attendra. Ma femme tarde bien à paraître : c'est elle.

SCENE IV.

SAINT-CLAIR, AMÉLIE.

AMÉLIE.

Vous me demandez, monsieur?

SAINT-CLAIR.

Oui, madame.

AMÉLIE.

Cela vous arrive rarement.

SAINT-CLAIR.

Point de reproches.

AMÉLIE.

Moi-même j'avais à vous parler; j'allais vous faire prier de passer chez moi.

SAINT-CLAIR.

Écoutez d'abord ce que j'ai à vous dire... Connaissez-vous bien mon caractère?

AMÉLIE.

Mais oui; de vieux époux qui ont déjà un an de mariage...

SAINT-CLAIR.

Il n'est point question de plaisanter. Madame, dans mes affaires importantes; je ne prends conseil de personne, et je reçois mal les avis que je ne demande pas; je vous déclare que je veux être maître chez moi, et je vous engage à ne point porter un œil indiscret sur mes actions.

AMÉLIE.

Ce que vous dites-là est très-galant; je le vois, il vous

est revenu que j'étais instruite de vos opérations de Bourse! et peut-être vous a-t-on dit que c'était par suite de mes alarmes que mon oncle a fait le voyage de Paris? Devriez-vous voir autre chose dans ma démarche que la preuve de mon attachement?

SAINT-CLAIR.

Eh bien! point du tout; je ne trouve là qu'une preuve d'inconséquence... et de présomption. Vous vous imaginez donc être en état de juger comment je dois employer ma fortune? Madame, une femme sensée ne s'occupe que du soin de bien tenir sa maison; en vous inquiétant de ma conduite, vous avez manqué de confiance en moi, et j'en suis blessé.

AMÉLIE.

Je n'ai pas la prétention de me diriger moi-même, et encore moins celle de diriger les autres. Je réclame, je reçois des conseils; c'est pour cela que j'ai cru devoir consulter mon oncle.

SAINT-CLAIR.

Sur mes affaires, et non sur les vôtres.

AMÉLIE.

Vous voulez dire sur les nôtres; quand il s'agit de votre état...

SAINT-CLAIR.

Point de discussion, je vous prie.

AMÉLIE.

Je n'entreprendrai pas de discuter avec vous; je sais qu'une femme doit être soumise à son mari, et de plus, je me sens naturellement disposée à conformer mes volontés aux vôtres : cependant, il ne nous est pas défendu, je crois, d'exprimer nos désirs. Vous m'avez intimé vos ordres, veuillez écouter mes prières.

SAINT-CLAIR.

Vos prières !... madame. Parlez.

AMÉLIE.

Je ne vous reprocherai point votre indifférence ; si je ne sais pas vous plaire, je n'accuse que moi-même. Laissons-là un sujet qui ne nous convient ni à l'un ni à l'autre. Vous ne vous occupez que d'affaires, que d'argent ; eh bien ! monsieur, parlons d'affaires, parlons d'argent.

SAINT-CLAIR.

Quel ton d'assurance.... Il m'étonne.

AMÉLIE.

Vous vous trompez ; non, je n'ai point un ton d'assurance. Depuis que j'ai appris vos spéculations, je me livre aux plus vives inquiétudes. J'ai tort, je le sens. Vous avez le coup-d'œil trop juste pour vous tromper dans vos calculs ; traitez mes craintes de faiblesse, de folie, je n'appelerai point de votre jugement ; mais je ne peux parvenir à les vaincre.

SAINT-CLAIR.

Enfin, madame, que voulez-vous ?

AMÉLIE.

Ce que je veux.... mon Dieu, monsieur, je vais vous paraître bien ridicule.

SAINT-CLAIR.

Vous n'avez pas la prétention de me prescrire la conduite que je dois tenir ?

AMÉLIE.

Oh non ! cependant....

SAINT-CLAIR.

Qu'entends-je ?.... Songeriez-vous à une séparation de biens ?

AMÉLIE.

Convenez que dans la situation où je me trouve, une telle demande n'aurait rien d'extraordinaire.

SAINT-CLAIR.

Je reconnais les conseils de votre oncle.

AMÉLIE.

Mon oncle est désolé; mais il ne m'a encore donné aucun conseil : ce seraient plutôt vos propres discours qui auraient pu me faire naître l'idée de cette séparation.

SAINT-CLAIR.

Mes discours ?....

AMÉLIE.

Avant que votre société ne fût composée, presque uniquement que de spéculateurs, je vous ai souvent entendu parler de faillites, de banqueroutes, mais très-souvent. Vous accusiez beaucoup de maris d'exposer indiscrètement la fortune de leurs femmes, vous leur en faisiez presque un crime : ces observations parfaitement justes, acquéraient une nouvelle force par le ton de persuasion, par la chaleur entraînante avec lesquels vous les présentiez; serait-il donc étonnant qu'aujourd'hui elles me fussent revenues à l'esprit !

SAINT-CLAIR.

Plait-il ?

AMÉLIE.

Encore si un attachement réciproque faisait le charme de notre existence? la crainte de vous déplaire devrait être suffisante pour m'arrêter; mais suis-je l'objet de votre tendresse? Une tête forte, constamment occupée des plus hautes combinaisons, ne peut s'assujétir à aimer sa femme. Si un malheur arrivait, me disais-je involontairement, je me verrais ruinée sans trouver un dédommagement dans l'amour de mon mari.

SAINT-CLAIR.

Vous avez fait toutes ces réflexions?

AMÉLIE, d'un ton grave.

Saint-Clair, n'en doutez pas : tels seraient les sentimens, tel serait le langage de beaucoup de femmes, si elles se trouvaient à ma place. Eh bien! moi, négligée par vous, effrayée sur mon avenir et sur le vôtre, j'y suis décidée, je veux partager votre sort...., le partager tout entier. Je résisterai à mon oncle, s'il veut mettre ma fortune à couvert; tout ce que je possède est à vous : dissipez, jouez, perdez ma dot; que m'importe un peu plus, un peu moins de richesse?... mon vrai malheur..., mon seul malheur, c'est de n'avoir point votre amour. Je le déclare : jamais je ne demanderai que nos biens soient séparés; jamais je n'y consentirai.

SAINT-CLAIR.

Est-il vrai? Eh quoi! tant d'amour, tant de dévouement pour moi! et lorsqu'en effet vous avez tant de droits de vous plaindre! Oui! vous avez pu croire que je vous négligeais : Amélie, ma chère Amélie!...

AMÉLIE.

Eh bien! Saint-Clair...

SAINT-CLAIR.

Combien vous me faites sentir mes torts!

AMÉLIE.

Vous vous les reprochez; ils sont oubliés.

SAINT-CLAIR.

Oh! je veux les réparer; désormais, je veux mettre tous mes soins à vous plaire, à vous rendre heureuse, à répondre à votre amour par l'amour le plus vrai, le plus attentif: quelle franchise! quelle grâce! quelle âme dans la leçon que vous m'avez donnée. Amélie, répétez-moi encore que vous me pardonnez.

AMÉLIE.

Songez donc au nœud qui nous unit. Puis-je avoir d'autre but que de me conserver votre tendresse, de contribuer à votre bonheur. Si je vous aimais moins, votre avenir me causerait-il tant d'inquiétude.

SAINT-CLAIR, en lui baisant la main.

Ah! vous me ravissez!

AMÉLIE.

Maintenant, mon ami, tu viens de me promettre de tout faire pour moi : eh bien! je t'en supplie, renonce tout-à-fait au jeu de la Bourse.

SAINT-CLAIR.

Ne seras-tu donc pas plus raisonnable qu'eux tous? si je te disais que je suis sûr de réussir.

AMÉLIE.

Écoute : je ne répéterai point tous les raisonnemens

que ton père et mon oncle t'ont faits avec beaucoup plus de force que moi sans doute ; mais je serai toujours malheureuse, tant que je te saurai livré à cette fatale passion. Mon oncle est bien irrité, mais surtout, il est profondement affligé; je lui dois tout, si tu ne lui rends une entière sécurité sur le sort de sa nièce, tu me désespères; le veux-tu, mon ami? s'il n'y avait que de l'argent à perdre..., réfléchis qu'on y hasarde jusqu'à son honneur. Une grande fortune vaut-elle donc la peine et les dangers auxquels on s'expose pour l'acquérir? tu aimes le monde, et moi aussi je l'aimerai... pour toi; mais l'aisance dont nous jouissons et ton travail ne nous donnent-ils point les moyens de fréquenter et de recevoir une société aimable et choisie. Dans les commencemens de notre mariage, tu aimais tant ton état! tu en étais si heureux et si fier! avec quelle complaisance, quel orgueil tu venais me raconter tes efforts pour sauver un innocent, un opprimé! Et moi aussi, j'étais heureuse, j'étais fière de tes succès! ces beaux jours ne peuvent-ils donc revenir?

SAINT-CLAIR.

Oui! oui! tu as raison, et que la raison est puissante, quand elle sort d'une bouche adorée! je commandais, c'est moi qui veux obéir. Avec toi, qu'ai-je besoin de tant de richesse!! Oui! je te le jure, à dater de demain, je ne joue plus; et même aujourd'hui... s'il en est temps encore...

AMÉLIE.

Ah! tu me combles de joie, je cours porter cette bonne nouvelle à mon oncle.

SAINT-CLAIR.

Te charges-tu d'obtenir de lui mon pardon? sera-t-il aussi indulgent que toi? (il lui baise de nouveau la main).

AMÉLIE.

J'en réponds. Adieu, tiens ta parole, je suis tranquille; aime-moi, je suis heureuse.

(Elle sort.)

SAINT-CLAIR, seul, prenant son chapeau.

Oui, ne perdons pas de temps; Amélie, tu m'as éclairé. (tirant sa montre.) Trois heures ! il est trop tard..., n'importe, courons...; quel contre-temps ! M. Fréville !

SCENE VI.

SAINT-CLAIR, FRÉVILLE.

FRÉVILLE.

Y pensez-vous? voilà trois quarts-d'heure que je sèche d'impatience chez votre confrère, que je me promène en long et en large dans son cabinet, en regardant de travers mon adversaire qui a été exact, lui; je viens vous chercher; venez, venez.

SAINT-CLAIR.

Pardon ! j'ai été arrêté, retenu,..; j'allais vous écrire pour vous prier de m'excuser.

FRÉVILLE.

Point d'excuses; je vous tiens, je ne vous quitte plus. J'ai ma voiture; il ne s'agit que d'un quart-d'heure.

SAINT-CLAIR.

Mais à quoi bon ce rendez-vous? vous ne voulez point de transaction; il est absolument inutile...

FRÉVILLE.

Il est très-important pour moi de leur signifier mes intentions.

SAINT-CLAIR.

Et ne suffit-il pas de vous pour cela?

FRÉVILLE.

J'y mettrais trop de colère. Allons, venez, venez.

SAINT-CLAIR, s'échappant

Attendez-moi, dans un quart-d'heure, je suis à vous.

(Au moment où Saint-Clair sort, il rencontre Fugaccio qui le ramène.)

SCENE VII.

LES MÊMES, FUGACCIO.

FUGACCIO.

O ché miséro! ché infélice! tout est perdu!... une hausse de six et demi...

SAINT-CLAIR.

Ah grand Dieu! que dites-vous?

FUGACCIO.

Oh! signor Saint-Clair! est-il possible que vous m'ayez fait jouer un jeu aussi ridicule!

SAINT-CLAIR.

Je suis ruiné; je tombe dans un abîme! ô ma pauvre Amélie!...

FRÉVILLE.

Qu'entends-je? eh quoi! vous aussi, vous agiotez?

FUGACCIO.

C'est une horrore! c'est une perfidie de votre part!

FRÉVILLE.

Oh! comme il m'a trompé!

SAINT-CLAIR.

Voyons par moi même, tâchons de prévenir une partie du désastre. Où trouver Durosay?

FRÉVILLE.

Un instant..., rendez-moi mes pièces.

FUGACCIO.

Rendez-moi mes inscriptions.

SAINT-CLAIR.

Eh! de grâce. (à Laurent qui entre.) Laurent, je vous laisse avec ces messieurs... Juste ciel! quel coup de foudre!

(Il sort.)

SCENE VIII.

FRÉVILLE, FUGACCIO, LAURENT.

FRÉVILLE.

Ventre bleu!

FUGACCIO.

Corpo di Baccho!

FRÉVILLE.

Mes pièces..., à l'instant.

FUGACCIO.

Traditor..., perfido!...

LAURENT.

Un moment..., Messieurs, entendons-nous.

FRÉVILLE.

Un avocat? jouer à la bourse!

FUGACCIO.

Il ne s'occupe que de ses procès!

LAURENT à Fréville.

Soyez tranquille; vos rentes seront bien vendues.

FRÉVILLE.

Mes rentes, impertinent!

LAURENT à Fugaccio.

Rassurez-vous ; je vous réponds du gain de votre cause.

FUGACCIO.

O birbente ! ma cause !

LAURENT.

Diable ! je confonds, moi. Il n'est pas facile de faire deux métiers à-la-fois.

FRÉVILLE.

Que le ciel puisse-t-il exterminer tous les agioteurs !...

FUGACCIO.

Que le diable emporte tous les plaideurs..., tous les chicaneurs !..

FRÉVILLE.

Je vais porter plainte au bâtonnier des avocats.

FUGACCIO.

Et moi au syndicat des agens de change.

FRÉVILLE.

Et l'on aura bientôt de mes nouvelles.

(Ils sortent tous deux en disputant.)

LAURENT, les suivant.

Messieurs !... Messieurs !...

ACTE QUATRIÈME.

SCENE PREMIERE.

LAURENT, JOSEPH.

JOSEPH, en pleurant.

Ah! M. Laurent, vous aviez bien raison tantôt de vous moquer de moi; voilà tous mes fonds au diable. Une hausse... une hausse énorme! quelle catastrophe!

LAURENT, en ricanant.

Mon pauvre Joseph, je vous plains de tout mon cœur, mais je ne puis m'empêcher de rire; je viens de traverser la rue Vivienne : si vous aviez vu tous les agens de change, tous les courtiers, coulissiers, marrons...; ils courent, ils s'interrogent; les cabriolets se croisent et s'accrochent; celui-ci invective son jockei, celui-là s'en prend à son cheval, qu'il fouette avec fureur; les uns pâles, effarés se frappent le front; d'autres, bouffis de joie, se frottent les mains; quelques autres s'appitoient sur le sort de leurs camarades en menaçant de les poursuivre... Quel spectacle que celui d'une révolution de Bourse pour un observateur comme moi qui sait se contenter d'un petit bénéfice quotidien!

JOSEPH.

Moi qui me flattais de prendre bientôt un valet de chambre! me voilà réduit à rester en service.

LAURENT.

J'ai aperçu de loin Monsieur avec son ami Durosay ; M. Saint-Clair paraissait consterné.

JOSEPH.

Ah ! la perte éprouvée par mon maître ne me console pas de la mienne.

LAURENT.

Allons donc, allons donc, mon ami Joseph, un peu de philosophie.

JOSEPH.

Oh ! j'en ai... j'en aurai demain ; mais le premier moment...

LAURENT.

Voici M. Durosay... il n'a plus l'air si triomphant.

SCENE II.

LES MÊMES, DUROSAY.

DUROSAY.

Oh ! quelle débâcle ! combien n'en voilà-t-il pas de noyés ! et ce qu'il y a de pis, c'est que, cette fois, je ne surnage pas. (à Joseph.) Saint-Clair n'est pas rentré ?

JOSEPH.

Non, Monsieur.

DUROSAY.

Et Germon ?

JOSEPH.

Je ne l'ai pas vu.

DUROSAY.

Dès qu'ils arriveront, dites-leur que je les attends dans ce salon. (en prenant un siége et s'asseyant avec humeur.) Nous voilà ruinés.

LAURENT, bas à Joseph.

Je ne m'en dédis pas, ils ont fait une forte lessive.

JOSEPH.

Et moi donc!...

(Joseph et Laurent sortent.)

SCENE III.

DUROSAY, seul, se levant.

Avoir été jouer pour mon compte! et à la baisse encore! quand c'est un jour de hausse! moi, ordinairement, impassible comme la loi, impartial comme un banquier de jeu, qui se borne à proclamer le résultat : rouge perd, couleur gagne; faites votre jeu... Maladroit que je suis! Allons, allons, point de faiblesse humaine; est-ce la première fois que cela m'arrive? Supposons qu'il me faille encore aller prendre les eaux en pays étranger... Si cela se renouvelle aussi souvent, je finirai par connaître les quatre parties... les cinq parties du monde. Mais ce pauvre Saint-Clair!... le voilà dans ma cathégorie... peut-être obligé de voyager!

SCENE IV.

DUROSAY, MARCEL.

MARCEL, à part en entrant.

Grâce au bon esprit de ma nièce, je suis rassuré sur Saint-Clair; tâchons de savoir à quoi nous en tenir sur ce Durosay.

DUROSAY.

Ah! ah! voilà le manufacturier de Lyon.

MARCEL.

(A part.) J'ai des soupçons... (haut.) N'est-ce pas à M. Durosay que j'ai l'honneur de parler ?

DUROSAY.

A lui-même, Monsieur.

MARCEL.

Je suis l'oncle de madame Saint Clair.

DUROSAY.

Je sais, Monsieur; un négociant très-recommandable.

MARCEL.

Mon neveu m'a parlé de vous comme d'un homme d'affaires très-répandu.

DUROSAY.

Mais... un peu. (à part.) Est-ce qu'il voudrait avoir recours à mon ministère ?

MARCEL.

Vous pouvez m'être utile.

DUROSAY.

Monsieur, je serais trop heureux...

MARCEL.

Oui ! plus j'y réfléchis, plus je pense que je ne puis mieux m'adresser.

DUROSAY.

De quoi s'agit-il ? d'une opération de banque... d'une demande près d'une administration... d'un courtage, d'un escompte près de quelque négociant ? j'embrasse tout, j'entreprends tout.

MARCEL, brusquement.

Non, Monsieur, je n'ai nul besoin de pareils services;

je viens tout simplement vous demander si vous pourriez me donner quelques renseignemens sur un fripon de vos confrères.

DUROSAY.

Comment, Monsieur! un fripon..... mon confrère. (à part.) Qu'est-ce qu'il dit donc?

MARCEL.

Il y a sans doute beaucoup d'honnêtes gens parmi les faiseurs d'affaires; mais ne s'y trouve-t-il pas aussi...

DUROSAY.

Hélas, oui! comme partout. (à part.) Qu'est-ce qu'il me veut?

MARCEL.

Il s'agit d'un homme qui a surpris la confiance d'un de nos premiers fabricans, un de mes amis, l'honnête et bon Duperrier.

DUROSAY, (à part.)

Aye! aye!

MARCEL.

Le quidam a ensuite lestement disparu pour se refugier à Paris.

DUROSAY.

Vous croyez?

MARCEL.

Sous un faux nom.

DUROSAY.

Il n'en font pas d'autres. Et le véritable nom de cet honnête agent?

MARCEL.

Duhautcours.

DUROSAY.

Duhautcours! (à part.) Je suis pris.

MARCEL, à part.

Il se trouble ; c'est mon homme.

DUROSAY.

Je ne connais pas cela.

MARCEL.

Mon ami est trop indulgent, il voulait abandonner ses poursuites ; mais je lui ai fait sentir que c'était un devoir de les continuer. Sachant que je partais pour Paris, il m'a chargé de ses pouvoirs. Je suis fâché que vous ne connaissiez pas ledit sieur Duhautcours, vous m'auriez épargné des recherches ; mais il faudra bien que je le trouve, et je ne le ménagerai pas.

DUROSAY.

Vous ferez très-bien. (à part.) Maudit homme!

MARCEL.

Et comme nous sommes nantis d'une prise de corps...

DUROSAY.

Ah ! vous avez une prise de corps?

MARCEL.

Parfaitement en règle.

DUROSAY.

Je vous en fais mon compliment. (à part.) Décidément, il faut que je voyage.

SCENE V.

LES MÊMES, SAINT-CLAIR.

SAINT-CLAIR, dans le plus grand désordre.

Ah! mon cher Durosay, que faire, que devenir?

(à part, en apercevant Marcel.) Dieu ! M. Marcel ! et il faut se contraindre encore. (haut, en affectant un air tranquille et même gai.) Ah ! c'est vous, mon cher oncle.

MARCEL.

Touche-là, mon neveu ; je suis content de toi, très-content. Ta femme m'a tout raconté : je ne me souviens plus... je ne veux plus me souvenir de tes dernières paroles, que je m'étais promis de ne pas oublier. Tu avais bravé mes remontrances et celles de ton père, une voix plus éloquente que la nôtre a triomphé. (à Durosay.) Oui, Monsieur, mon neveu a pris avec sa femme l'engagement de ne plus s'occuper que de sa profession d'avocat, et je m'en réjouis doublement, puisque, grâce à cette promesse, la bonne intelligence est rétablie dans le ménage.

SAINT-CLAIR.

Elle n'en avait jamais été bannie. La société n'est pas encore réunie ?

MARCEL.

On arrive. Il y a déjà du monde chez ta femme.

SAINT-CLAIR.

Ah ! fort bien. (à part.) Je suis perdu !

MARCEL.

Oui ! je ne suis pas fâché d'observer un peu le ton des belles sociétés de Paris. (en fixant les yeux sur Durosay.) Et qui sait si je n'y trouverai pas ce que je cherche ?

DUROSAY, à part.

Comme il me regarde!

SCENE VI.

LES PRÉCÉDENS, AMÉLIE.

AMÉLIE, entrant par le fond.

Arrangez les tables, placez le piano et la harpe ; ouvrez toutes les portes.

(Les trois portes du fond s'ouvrent, et laissent voir un salon préparé pour une réunion.

DUROSAY, bas, à Saint-Clair.

Contiens-toi ; quand tout le monde sera au jeu, nous serons moins remarqués, et nous pourrons causer.

SAINT-CLAIR, bas, à Durosay.

Ma tête n'est plus à moi.

AMÉLIE, s'avançant, à Saint-Clair.

Mon ami, venez m'aider à faire les honneurs de votre réunion. Si vous saviez avec quel plaisir j'ai présidé aujourd'hui à tous les préparatifs ; ma joie se trahit malgré moi. Mon oncle vous a-t-il dit combien je suis heureuse depuis notre entretien de tantôt. Monsieur Durosay, faisons la paix.

DUROSAY.

Comment ! Madame, étions-nous en guerre ?

AMÉLIE.

Je ne m'en cache pas, vous aviez en moi une ennemie déclarée ; mais vous êtes vaincu, je pardonne généreusement. Oui ! Saint-Clair renonce pour toujours à toutes les spéculations ; mon ami, me démentirez-vous ? Qu'est-ce ? vous paraissez contraint, embarrassé ; il faut avouer votre défaite devant M. Durosay. Je conçois qu'il en coûte ; mais ma victoire ne sera vraiment complète qu'après votre aveu... Eh bien !

SAINT-CLAIR.

Oui ! que le ciel me punisse si jamais !...

AMÉLIE.

Vous l'entendez. Excusez mon ivresse ; je voudrais pouvoir vous peindre toute ma reconnaissance. Vous me reprochiez ma tristesse, mon éloignement pour le monde ; vous ne vous en plaindrez plus, je conformerai tous mes goûts aux vôtres ; ce soir j'accueillerai tous vos amis : je veux être charmante, je veux vous rendre jaloux ; et, pour vous désespérer, je déploierai tous mes moyens de séduction.

SAINT-CLAIR.

Qu'ils sont puissans sur moi ! (à part.) Pauvre femme !

MARCEL.

Ton père sera bien surpris, bien satisfait de ton changement. Mais où est-il donc ce bon M. Dormeuil ?

SAINT-CLAIR.

Mon père ne fréquente pas beaucoup mes sociétés ; il a les siennes.

DUROSAY.

Oui, il va chez l'agent de change Forlis.

AMÉLIE.

Je veux désormais lui rendre cette maison si agréable...

DUROSAY.

N'aurons-nous pas ce soir le plaisir d'entendre la signora Fugaccio ?

AMÉLIE.

Elle devait venir; mais son mari est malade...

DUROSAY, à part.

Je conçois, depuis la Bourse.

SCENE VII.

LES MÊMES, GERMON.

GERMON, vêtu très-élégamment selon la dernière mode, et même un peu ridiculement.

Eh bien! où est donc tout le monde? Ah! vous voilà! (à Amélie.) Madame, j'ai l'honneur de vous présenter mes hommages. (à Saint-Clair et à Durosay.) Qu'en dites-vous? Je suis un peu plus à la mode que tantôt, et je me sens presque aussi à mon aise. Reconnaît-on encore en moi le paysan?

AMÉLIE, à Marcel.

C'est M. Germon, ce cultivateur...

MARCEL.

Ah! ah!

GERMON.

(à Durosay, en lui donnant un petit coup sur le ventre.) Cela se soutient; cela ne va pas plus mal, n'est-ce pas? J'arrive tard; c'est que des difficultés se sont élevées au moment de la signature; mais, Dieu merci, tout est terminé : ma terre a sauté, et j'en ai le prix, là, dans mon portefeuille. Allons-nous faire des affaires! allons-nous jouer sur les rentes! Des reports... à prime... fin courant... Ah! je me sens une ardeur...

MARCEL.

Imprudent jeune homme!

GERMON.

Quel est Monsieur ?

DUROSAY.

L'oncle de Madame.

GERMON, saluant.

Ah ! Monsieur ! (à part.) Il a une figure bien respectable.

MARCEL.

N'avez-vous donc point de famille ?

GERMON.

Pardonnez-moi. J'ai une femme, deux enfans ; et c'est précisément pour eux... Or çà, quoiqu'aujourd'hui, je n'y sois pour rien, comment va la rente ?

SAINT-CLAIR.

Excuse-moi, mon cher Germon, mais il faut que j'aille recevoir ma compagnie. Pour ce soir, ma foi, trêve aux affaires, et ne songeons qu'au plaisir.

(Il sort.)

GERMON.

C'est juste. Mais...

DUROSAY.

Je te suis. (à part, en regardant Marcel.) Une prise de corps !...

(Il sort.)

MARCEL.

Mon neveu rendu à la raison, ma nièce consolée, un fripon à-peu-près découvert ! Voilà une bonne journée.

(Il sort.)

AMÉLIE, après avoir accompagné son mari jusqu'au fond du théâtre, revient à Germon, et lui dit :

Monsieur Germon, tout est changé ; Saint-Clair est re

venu de ses erreurs ; croyez-moi, revenez des vôtres ; songez à votre femme, à vos enfans ; suivez les conseils que mon mari vous donnera désormais, et surtout ne vous fiez pas trop à M. Durosay.

(Elle sort.)

SCENE VIII

GERMON, seul.

Que dit-elle ? que je me défie de Durosay... et son oncle qui me traite d'imprudent, qui me parle aussi de ma femme, de mes enfans... et Saint-Clair, qui, au lieu de me répondre, va recevoir sa société.., et moi-même... depuis que j'ai vendu ma terre, j'ai beau m'étourdir, j'éprouve, là, comme un remords. Quand j'ai embrassé ma femme, qui, d'un ton suppliant, me conjurait de ne pas rester long-temps à Paris, je crois que j'ai senti des larmes rouler dans mes yeux. (reprenant son air gai.) Enfin je ne suis donc plus que le fermier des autres, et je n'attends que la fin de mon bail pour quitter tout-à-fait. Allons, allons, de l'audace... du courage, mais aussi de la prudence ; consultons-nous bien : Saint-Clair est un brave garçon ; mais ce Durosay ?... Il est bien fin, pour être honnête.

SCENE IX.

GERMON, DUROSAY.

DUROSAY.

Indiscret ! ne sauras-tu jamais te contenir ?

GERMON.

Qu'ai-je donc fait ?

DUROSAY.

Tu t'en vas parler de tes projets, de la vente de ta terre

devant madame Saint-Clair et son oncle... Tu as donc tous tes fonds sur toi ?

GERMON.

Tu es bien curieux.

DUROSAY.

Quel ton prends-tu ? Eh quoi ! avec un ami...

GERMON, considérant Durosay avec attention.

Es-tu le mien ?

DUROSAY.

En peux-tu douter ?

GERMON.

Monsieur Durosay, je ne sais pas encore ce que je ferai de mes fonds ; je m'en vais y rêver, tout en jouant et en pariant à l'écarté.

(Il sort.)

(Pendant les scènes suivantes, on peut voir Germon jouant et pariant aux tables de jeu, et Marcel observant ce qui se passe sur la scène.)

SCENE X:

DUROSAY, seul.

Qui diable peut le rendre si revêche et si défiant ? C'est fâcheux : avec ses fonds, nous pourrions regagner bien vite pour lui et pour nous... et sous mon nom de Durosay, je braverais la prise de corps de M. Marcel. Il ne m'est pas encore prouvé qu'il ait reconnu en moi l'héritier des Duhautcours. Sachons un peu ce que Saint-Clair a dans l'âme. Il lui reste du crédit, des amis, une famille, un nom qui n'est pas décrié ; tout ce qui me manque enfin.

SCENE XI.

DUROSAY, SAINT-CLAIR.

SAINT-CLAIR.

Le jeu est animé, nous pouvons nous entretenir sans témoins.

DUROSAY, à part.

Voyons-le venir.

SAINT-CLAIR.

Eh bien! Durosay...

DUROSAY.

Eh bien! mon cher Saint-Clair.

SAINT-CLAIR.

Tu me vois en proie aux regrets, au repentir.

DUROSAY.

L'événement ne prouve rien. Je soutiendrai, morbleu! que la baisse était certaine. Tu perds, il est vrai; mais tu as bien joué.

SAINT-CLAIR.

Ah! que n'ai-je eu le temps d'accomplir la promesse que j'avais faite à ma femme! Et dis-moi, mon cher Durosay, ce n'est qu'en tremblant que je t'interroge; serais-tu aussi malheureux que moi?

DUROSAY.

Oh! mon Dieu, oui!

SAINT-CLAIR.

Ainsi mon amitié t'a été fatale; tu étais prudent, modéré dans tes désirs; c'est moi... oui! ce sont mes conseils qui t'auront séduit, qui t'auront entraîné.

DUROSAY, à part.

Bon enfant! il me plaint.

SAINT-CLAIR.

Maudit soit le jour où, pour la première fois, je m'avisai de jouer à la Bourse!

DUROSAY.

(à part.) Est-ce une feinte, ou serait-il assez faible pour parler sérieusement? Cela ne se peut pas. (haut.) Saint-Clair...

SAINT-CLAIR.

Eh bien!

DUROSAY.

Regarde-moi.

SAINT-CLAIR.

Quelle est ta pensée?

DUROSAY.

Voyez ce sang-froid! Vas! tu feras ton chemin.

SAINT-CLAIR.

T'expliqueras-tu?

DUROSAT.

Est-ce avec moi que tu dois composer ton langage? Parle-moi franchement... confie-moi la vérité...

SAINT-CLAIR.

Eh! la vérité... c'est que je suis perdu, ruiné, désespéré.

DUROSAY.

Quoi? vraiment! tu te laisserais abattre...? Je conçois. Un premier échec vous bouleverse... je l'ai éprouvé; mais l'habitude et l'expérience te rendront plus sage. Un homme d'affaires dans l'embarras, c'est un général qui bat en retraite. L'habileté consiste à conserver son sang-froid pendant la crise.

SAINT-CLAIR.

Mais enfin que puis-je faire ?

DUROSAY.

Une nouvelle spéculation. N'as-tu pas des ressources ? Les biens de l'oncle de ta femme... ceux de ton père...

SAINT-CLAIR.

Je n'attends rien d'eux... je ne veux rien d'eux. Je les ai bravés avec orgueil, avec extravagance. Et ma femme, qui est si heureuse de croire à la parole que je lui ai donnée... Sa joie me fait un mal...

DUROSAY.

Raisonnons : entre nous, de quoi s'agit-il ? D'obtenir des facilités qui te donnent un peu de temps ; et toutefois d'avoir en réserve ou de te procurer une somme suffisante pour rentrer en lice. Tu es séparé de biens avec ta femme ?

SAINT-CLAIR.

Non. Hélas ! elle-même, tantôt, me parlait de cette séparation de biens. Maintenant, la chose fût-elle possible, je rougirais de recourir à cette extrémité. Et cependant, mon Amélie ruinée avec moi !... Ah ! que je suis coupable !

DUROSAY.

En ce cas, assure-toi bien vite des fonds que Germon veut te confier... emploie-les pour appaiser tes créanciers les plus exigeans, et spécule hardiment pour ton compte et celui de Germon.

SAINT-CLAIR.

Moi! tromper ce malheureux jeune homme?

DUROSAY.

Autre moyen. Je peux t'enseigner un ami au profit duquel tu feras une obligation antidatée...

SAINT-CLAIR.

Jamais, jamais.

DUROSAY.

Oh dame! si tu refuses tout ce qui est raisonnable, il ne te reste plus qu'un parti : c'est de remplir bien vite ton portefeuille de toutes les valeurs que tu pourras rassembler, de prendre des chevaux de poste et de gagner la frontière. Si tu le veux, nous partons ensemble. Je ne tiens pas à Paris, moi. Charmant voyage!

SAINT-CLAIR.

Mais c'est une suite d'infamies que tu me proposes?

DUROSAY.

Qu'est-ce que tu dis donc? Ce sont des moyens connus, avoués; il n'y a pas là d'innovation; c'est la nécessité qui commande. Tu as été malheureux, tout homme est sujet au malheur. Tu as mal vu, chacun peut se tromper. Tu prends des précautions, c'est prudence.

SAINT-CLAIR, à part.

Quel odieux langage!

DUROSAY, lui frappant sur l'épaule.

Sois franc avec moi : est-ce que tu n'avais pas déjà songé...

SAINT-CLAIR.

Malheureux! quel trait de lumière! Suis-je assez humilié? Eh quoi! tu me croirais capable...

DUROSAY.

Chut ! voici Joseph !... Parle bas.

SCENE XII.

LES MÊMES, JOSEPH.

SAINT-CLAIR.

Que vénez-vous faire ici ?

JOSEPH.

Chercher ces flambeaux pour mieux éclairer le piano. Madame va chanter, et elle prie Monsieur de vouloir bien venir l'entendre.

SAINT-CLAIR.

Dites que j'y vais dans l'instant.

JOSEPH.

Oui, monsieur. (à part.) Je ne le crois guère plus en train que moi d'écouter de la musique.

(Il sort.)

SCENE XIII.

SAINT-CLAIR, DUROSAY.

SAINT-CLAIR, regardant sortir Joseph, puis jetant un regard furieux sur Durosay.

Oh ciel! ce matin, je voulais chasser ce valet, parce qu'il jouait à la Bourse, craignant que cette infernale manie n'en fît un fripon... et voilà qu'à moi-même on me propose des friponneries.

DUROSAY, élevant la voix.

Des friponneries!... Ménagez vos termes, s'il vous plaît...

SAINT-CLAIR.

Vous blessent-ils ?

DUROSAY, riant.

Mauvaise tête! si j'étais aussi fou que toi!... je pourrais te demander raison...

SAINT-CLAIR.

Je suis prêt à vous la rendre.

DUROSAY, riant.

Non, mon brave. Si, à la fin de chaque mois, il fallait se tenir compte des différences à coups d'épée, les liquidations deviendraient trop dangereuses. Tu as l'esprit chevaleresque!

SAINT-CLAIR.

Je te connais donc!

DUROSAY.

Tu me connais, tu me connais... mais enfin quel parti vas-tu prendre?

SAINT-CLAIR.

Je ne sais; mais je recule avec horreur devant tes offres honteuses.

DUROSAY.

Je t'entends. Tu sais que les marchés à terme ne sont pas reconnus par la loi...

SAINT-CLAIR.

Ma parole est engagée, il suffit. Je livre mon patrimoine, ma fortune entière, mon avenir, et loin d'exciter d'indignes soupçons par ma fuite, je reste. J'avouerai mon imprudence, mon aveuglement; on verra du moins ma franchise, et peut-être quelques honnêtes gens daigneront-ils encore me plaindre.

DUROSAY.

A quoi t'exposes-tu? A compromettre ta liberté. Que

ne fera-t-on pas pour arracher des sacrifices à ta famille? Avocat, ne t'es-tu pas livré à des spéculations que ta profession t'interdit? Que répondras-tu?

SAINT-CLAIR.

Juste ciel!... il est trop vrai! m'être jeté dans un gouffre, et n'en pouvoir sortir sans manquer à l'honneur!... C'est une horrible situation!

SCENE XIV.

LES MÊMES, GERMON.

GERMON, entrant précipitamment.

Le malheur me poursuit : voilà vingt paris que je perds à l'écarté... ; je ne me connais plus, je crains tout de mon imprudence, (à Saint-Clair, en lui remettant son portefeuille) tiens; gardes moi ces billets.

SAINT-CLAIR.

Moi, que je te garde...

GERMON.

Eh oui! prends, prends donc..., je suis au jeu. Au moins seront-ils en sûreté. (Il sort en criant vers la porte du fond.) Je parie trente louis, quarante louis, qui est-ce qui tient?

SCENE XV.

DUROSAY, SAINT-CLAIR.

DUROSAY, très-vivement.

Ce matin encore ne te proposais-tu pas de faire valoir les fonds de Germon? les voilà entre tes mains; pourquoi changer d'idée? avec cette somme nous pouvons rétablir nos affaires; dans un mois que de changemens! il ne nous faut qu'un évènement heureux, une guerre, quelques banqueroutes. La rente baissera, c'est une chose sûre. Ah! Saint-Clair, quel plaisir, quel bonheur de réparer tes pertes! que dis-je? le chemin de la fortune ne te sera-t-il pas encore ouvert!

SAINT-CLAIR.

Laisse-moi, laisse-moi... ô dieu! Germon victime de sa confiance?

DUROSAY.

Une chance favorable peut doubler ses capitaux.

SAINT-CLAIR.

Quel mouvement funeste s'empare de moi?

DUROSAY.

Allons, allons; donne-moi ce porte-feuille.

SAINT-CLAIR.

Non, certes. Moi te le confier!

SCENE XVI.

LES MÊMES, GERMON.

GERMON.

Bravo! vivat! en deux coups, j'ai tout regagné; ils s'en vont furieux.

(Pendant cette dernière petite scène, les joueurs se retirent, et les portes du fond se referment.)

SAINT-CLAIR, à Germon.

Vois-tu ce porte-feuille? il contient ta fortune?

GERMON.

Ma foi, oui! tout ce qui me reste.

SAINT-CLAIR.

Quelques momens de plus, peut-être, et tu étais sans pain.

GERMON.

O mon dieu!

SAINT-CLAIR.

Reprends tes billets.

GERMON.

Et pourquoi? puisque demain...

SAINT-CLAIR.

Reprends-les, te dis-je.

GERMON.

Que t'est-il arrivé?

SAINT-CLAIR.

Je suis ruiné.

GERMON.

Toi?

SAINT-CLAIR.

J'ai tout perdu. Fuis-moi; fuis les perfides amis qui t'entourent; fuis la Bourse, retourne à tes champs. Vas, vas consoler ta femme. Quant à moi, mon sort est à jamais fixé.

(Il sort précipitamment.

GERMON.

Je ne te quitte pas! pauvre Saint-Clair! il m'effraye; ah! si je pouvais ravoir mes terres!...

(Il sort.)

DUROSAY, seul.

Je n'ai plus rien de bon à faire à Paris. Je n'ai pas de quoi payer des chevaux de poste, je monte dans la première diligence que je rencontre. Quant au passeport, ce n'est pas là ce qui m'inquiète; les hommes comme nous n'en manquent jamais.

ACTE CINQUIÈME.

SCÈNE PREMIÈRE.

MARCEL, GERMON.

GERMON, troublé et fort empressé.

Pardon, mille fois pardon, monsieur, si je prends la liberté de vous faire éveiller de si bonne heure; mais cela presse : il s'agit d'une affaire très-importante.

MARCEL.

Vous êtes ce jeune homme que j'ai entendu hier au soir se féliciter d'avoir vendu sa terre pour en risquer le prix dans les fonds publics ?

GERMON.

Ah ! monsieur, quelle sottise j'ai faite ! mais grâce au ciel, et à mon ami Saint-Clair, votre neveu, j'ai ma somme dans mon porte feuille, et elle n'en sortira pas pour aller à la bourse. Ainsi donc c'est par amitié, par reconnaissance pour ce cher neveu que je veux absolument le tirer de l'affreux désespoir où il est plongé.

MARCEL.

Comment ! quoi ? Saint-Clair...

GERMON.

Hier, tandis qu'on jouait, qu'on s'amusait, qu'on faisait de la musique dans ses appartemens, je l'ai surpris, ici même, désolé, épouvanté de sa situation ; il m'a rendu mes billets, malgré ce Durosay, que j'ai toujours soupçonné d'être un fripon; il m'a quitté; je l'ai suivi, je l'ai supplié de se confier à moi; il m'a répondu d'un air sombre, sinistre. Sa femme est survenue : tout d'un coup, il a pris un air gai, tranquille, aimable; je me suis retiré plein d'inquiétude à mon hôtel garni, je n'ai pas fermé l'œil de la nuit, et ce matin j'accours bien vite... Bref, il m'est prouvé que M. Saint-Clair a perdu considérablement à la hausse d'hier, et qu'il ne sait plus ou donner de la tête.

MARCEL.

Qui?... Saint-Clair... Le malheureux! après avoir promis à sa femme...

GERMON.

M. Saint-Clair est un homme de mérite certainement, mais il se laisse aller presque aussi facilement que moi. Il y a tout à craindre que ce Durosay ne reprenne encore son empire sur lui; ce qui m'inquiète, c'est que tout à l'heure en arrivant, je viens de voir le cabriolet de Saint-Clair qui l'attend au détour de la petite rue voisine.

MARCEL.

Que dites-vous? Vous avez raison, il faut tout craindre des conseils de ce Durosay..., de ce Duhautcours... car c'est lui..., je n'en doute plus. (Il appelle.) Holà quelqu'un! Joseph! Laurent! Justine! Saint-Clair, entraîné par ce misérable, projetterait-il de fuir?... d'abandonner sa femme?... mais non! non! je ne puis croire...

SCÈNE II.

LES MÊMES, JOSEPH, LAURENT, JUSTINE,

(arrivant successivement.)

MARCEL, à Justine qui arrive la première.

Mademoiselle, que fait ma nièce?

JUSTINE.

Madame n'a pas encore sonné. Oh! monsieur, madame n'est plus triste; il y avait long-tems que je ne l'avais vue si calme, si heureuse. Avant de s'endormir, elle me parlait de son cher oncle..., de son mari...

MARCEL.

Ne troublons pas encore son repos. (à Justine.) Tenez-vous auprès d'elle, et venez m'avertir dès qu'elle sera éveillée. (Justine sort.) C'est à moi..., à moi seul, à la prévenir, et puissé-je n'avoir point à lui porter de nouvelles encore plus désastreuses! (A Joseph qui arrive.) Allez sur-le-champ dire à M. Dormeuil que je veux lui parler.

JOSEPH.

Mais, Monsieur, à cette heure!... M. Dormeuil n'aime pas qu'on l'éveille.

MARCEL.

Allez, allez donc; faites ce que j'ordonne. (Joseph sort.) Le plus important serait de le séparer de ce Duhautcours. (A Laurent qui survient.) M. Laurent, portez bien vite ces papiers chez le premier huissier de votre connaissance : cinquante louis de gratification, s'il parvient à faire exécuter sur-le-champ cette prise de corps! (A Germon et à Laurent.) Apprenez que le Duhautcours contre qui elle est obtenue n'est autre que l'infâme Durosay.

GERMON.

En vérité !

LAURENT.

Cela ne m'étonne point.

MARCEL, à Laurent.

Vous êtes attaché à Saint-Clair; à quelque prix que ce soit, tâchez de trouver ce Durosay.

GERMON.

Je vais avec vous, M. Laurent. Il est bien fin, mais il ne m'échappera pas. Attendez, pour aller plus vite, et pour mieux nous assurer de Saint-Clair, si nous prenions son cabriolet ?

MARCEL.

Bonne idée !

GERMON.

Oh ! ce Durosay... Je ne suis pas méchant, mais je lui en veux..., je lui en veux... Ce n'est pas sa faute, si j'ai encore mon porte-feuille. Allons, M. Laurent.

(Laurent et Germon sortent.)

MARCEL seul.

Et moi, j'attends ici Saint-Clair. Oui ! il faut que je lui parle, que je découvre son dessein; il faut me contraindre. le pourrai-je ? ô ma pauvre nièce ! quel sera ton sort ! et lui aussi je le plains... Avoir rendu le porte-feuille à ce jeune Germon..., ce n'est pas l'action d'un malhonnête homme.

SCENE III.

MARCEL, SAINT-CLAIR.

SAINT-CLAIR, se croyant seul et se retournant du côté de son appartement.

Dors, dors en paix, mon Amélie; mais quel réveil !

quand la lettre, que j'ai déposée près de toi, t'instruira de ma fatale destinée! Partons; il le faut.

MARCEL, essayant de se contraindre.

Te voilà, mon neveu?

SAINT-CLAIR, à part.

M. Marcel!

MARCEL.

Déjà levé?

SAINT-CLAIR.

Oui! j'ai à sortir.

MARCEL.

Sitôt? et quel est le juge, l'avoué, ou le client qui ne dorme à cette heure?

SAINT-CLAIR.

J'ai travaillé une partie de la nuit; j'ai besoin de prendre l'air.

MARCEL.

Il paraît que tu veux faire une course un peu longue; peut-être même sortir des barrières.

SAINT-CLAIR.

Comment!

MARCEL.

Ton cabriolet ne t'attend-il pas au détour de la rue voisine?

SAINT-CLAIR.

Vous savez......

MARCEL, éclatant.

Oui! oui! je sais tout. Il m'est impossible de me contenir plus long-tems. Je sais que, malgré ta parole, tu as joué, tu as perdu, tu as ruiné ta femme; et maintenant, réponds-moi, où vas-tu? quel est ton dessein?

SAINT-CLAIR.

Monsieur, vous m'interrogez.... Vous dois-je compte de mes actions?

MARCEL.

Oui! j'ai tout à craindre de toi. Il y a tant d'exemples d'hommes pressés par les événemens, qui ont fui chez l'étranger avec les dépouilles de leurs créanciers.

SAINT-CLAIR.

Vous avez pu penser?.... être soupçonné d'une infâmie par vous, par un homme de bien, voilà ce qui met le comble à mon malheur! Ah! de grâce, ne m'ôtez pas toute votre estime.

MARCEL.

Allons, allons, calme-toi. (A part.) Du moins, il n'a rien médité contre l'honneur. (Haut.) Je suis loin de croire que tu leur ressembles. Saint-Clair, pardonne-moi.

SAINT-CLAIR, dans le plus grand trouble.

M. Marcel, mon cher oncle, ne songez qu'à votre nièce! oubliez moi...; elle-même puisse-t-elle m'oublier!.. avec vous, quelques jours heureux peuvent encore... lui être réservés... Vous avez bien fait de venir à Paris: c'est une grande consolation pour moi... Jamais... elle n'aura plus besoin... d'avoir auprès d'elle un ami comme vous. Adieu!... adieu, M. Marcel.

MARCEL.

Arrête! je ne te quitte pas. (A part.) Ah! je crains d'entrevoir... (Haut.) Saint-Clair, mon ami, mon neveu, mon fils..., écoute-moi..., écoute-moi, te dis-je: tout n'est pas perdu! pourquoi ne pas chercher avec moi les moyens de faire tête à l'orage?

SAINT-CLAIR.

Il n'en est aucun.

SCENE IV.

LES MÊMES, AMÉLIE.

AMÉLIE, une lettre à la main, et parlant de la coulisse.

Ah grand Dieu ! mon oncle, sauvons-le ; venez, venez. (Apercevant Saint-Clair, et se jetant dans ses bras.) O bonheur ! je le vois... mon ami..., mon ami..., mon cher Saint-Clair, tu ne sortiras pas... ; je m'attache à toi. (Saint-Clair tombe accablé dans un fauteuil.) (Elle remet la lettre à Marcel.) Tenez..., lisez... ; voyez quel était son horrible dessein !

MARCEL, après avoir parcouru rapidement la lettre.

Voilà donc l'extrémité où se trouve réduit le joueur qui a conservé quelques sentimens d'honneur ! le fripon disparaît les mains pleines, l'honnête homme se tue.

AMÉLIE.

Cruel ! qui a pu te résoudre ?

SAINT-CLAIR.

La nécessité..., le mépris que je conçois de moi-même. Amélie, tu le vois, je t'avais trompée.

AMÉLIE.

Non, non, tu ne m'as pas trompée; ce n'est qu'à dater d'aujourd'hui que tu as pris un engagement avec moi ; eh bien ! aujourd'hui ne songeons qu'à réparer les fautes d'hier.

SAINT-CLAIR.

Impossible !

AMÉLIE.

Pourquoi ?

MARCEL.

Point d'exagération! laisse-toi guider par nous; tout est pardonné, tout est oublié; je suis encore ton ami... ton véritable ami. Non, je ne me repens pas de t'avoir donné ma nièce.

SAINT-CLAIR.

Ah! M. Marcel, que vous êtes bon

MARCEL.

Allons au fait. Combien dois-tu?

SAINT-CLAIR.

Il n'est pas en votre pouvoir...

MARCEL.

Mets un terme à mon incertitude.

SAINT-CLAIR.

Je n'ai rien respecté, rien n'a été sacré pour moi.

MARCEL.

Enfin, quelles sont tes pertes?

SAINT-CLAIR.

Je dois... un million.

AMÉLIE.

Un million!

MARCEL.

Je reste confondu.

AMÉLIE.

Eh bien! rassurée sur ta vie, je ne suis plus effrayée de rien. Mon oncle me l'a répété bien souvent: quelques grandes que puissent être des pertes d'argent, elles ne doivent jamais pousser un honnête homme au désespoir.

MARCEL.

Je le pense encore. Voyons, tu as du temps devant toi?

SAINT-CLAIR.

Si peu.

MARCEL.

Tu as des amis?

SAINT-CLAIR, souriant amèrement.

Des amis...

MARCEL.

Oui, ton père... ta femme... moi... et même ce jeune Germon...

SAINT-CLAIR.

Ah! du moins, je n'ai point à me reprocher de l'avoir entraîné dans ma ruine. Mais quelle affreuse existence! faire retomber sur vous le poids de mes fautes!

MARCEL.

J'attends ton père; fais-moi une note, un aperçu de ce que tu dois, des échéances les plus prochaines.

AMÉLIE.

Viens, viens; j'écrirai sous ta dictée. Allons, Saint-Clair, est-ce donc à moi de t'inspirer de la force d'âme?

SAINT-CLAIR.

O mon Amélie! comment en aurais-je? c'est moi qui suis le coupable.

AMÉLIE.

Viens! viens!

(Saint-Clair et Amélie sortent.)

MARCEL, seul.

Diable! un million... c'est fort... pourrai-je réunir, même avec le temps?... M. Dormeuil le pourrait; le voudra-t-il? Quand je vais l'instruire, il va pousser des gémissemens, me faire de nouvelles phrases...

SCENE V.

MARCEL, DORMEUIL.

DORMEUIL, très joyeux.

J'étais éveillé, j'étais habillé, j'allais venir; vous

étiez pressé de me raconter l'heureuse réconciliation de mon fils et de sa femme; on m'avait appris cela dès hier soir. J'en suis touché... très touché : mais j'ai appris bien autre chose. Oh! mon cher M. Marcel, vous voyez un homme dans une joie... Malgré mon habitude de garder un grand empire sur moi-même, je ne peux la dissimuler. Eh! pourquoi la cacherais-je? Quand on est heureux, pourquoi cette sotte vanité de n'en pas convenir? j'ai besoin d'épancher mon âme avec de vrais amis, comme vous, comme mon fils, comme sa femme.

MARCEL.

Que vous est-il donc arrivé ?

DORMEUIL.

Eh! si je me réjouis, est-ce pour moi? c'est pour les miens. Ai-je jamais eu autre chose en vue que le bonheur de mes enfans? mes véritables richesses, c'est leur affection.

MARCEL.

J'aime à vous entendre professer de pareils sentimens; mais expliquez-vous.

DORMEUIL.

J'ai passé la nuit dans les rêves les plus délicieux !...

MARCEL.

Parlez.

DORMEUIL.

Sachez donc qu'hier soir, j'ai appris positivement que ma fortune était doublée... triplée...

MARCEL.

Triplée! et comment?

DORMEUIL.

Comment! (à part.) Diable! il ne faut pas dire....

(haut.) Vous demandez comment?...oh! par un événement... par les événemens les plus inespérés. (à part.) Dire que j'ai gagné à la loterie, c'est trop immoral... (haut). mais d'abord une tontine... ou me trouvant le seul survivant de ma classe... Ensuite... car il semble que la Providence ait voulu me faire éprouver à-la-fois une série... ou plutôt un concours d'incidens heureux; un vaste terrain, jusqu'ici sans rapport, presque en friche, à travers lequel une compagnie de capitalistes veut faire passer un canal...

MARCEL, à part.

Quels contes me fait-il là?

DORMEUIL.

Enfin un héritage d'une vieille parente, que Saint-Clair ne connaissait pas.... Quand je dis un héritage, c'est un legs universel...

MARCEL.

Il y a tant de gens qui ne peuvent dire d'où leur vient leur opulence; vous ne tarissez point sur les sources diverses de la vôtre.

DORMEUIL.

Vous voyez; je les indique franchement : n'allez pas en soupçonner d'autres.

MARCEL.

Eh! Monsieur, peu m'importe l'origine du bien qui vous arrive; votre fortune est augmentée... de combien?

DORMEUIL.

Eh mais!... de sept cent... huit cent mille francs... presque un million... peut-être même plus qu'un million.

MARCEL.

Dieu! que m'apprenez-vous? Saint-Clair est sauvé.

DORMEUIL.

Plaît-il?

MARCEL.

Le hasard nous sert à merveille. Avec ce million imprévu, vous payerez le million que votre fils a perdu à la Bourse.

DORMEUIL.

Qu'est-ce que vous dites? il aurait perdu...

SCENE VI.

LES PRÉCÉDENS, SAINT-CLAIR, AMÉLIE.

MARCEL.

Avancez, approchez mes chers enfans. Saint-Clair, plus d'inquiétude... ton père est en état de faire face à tous tes engagemens.

SAINT-CLAIR.

Se peut-il!

MARCEL, prenant un papier des mains de Saint-Clair et le remettant à Dormeuil.

Tenez, Monsieur, voici la note des dettes de votre fils.

DORMEUIL, en fureur.

Malheureux! voilà donc le fruit de ta présomption, de ta cupidité! Ne devais-tu donc pas être content de la carrière honorable que j'avais ouverte devant toi?... Mais rien ne peut les satisfaire... ils sont insatiables. L'argent! l'argent!.. ils ne voient que l'argent.

MARCEL.

Epargnez votre fils; il s'est fait plus de reproches à lui-même que vous ne pouvez lui en adresser.

AMÉLIE.

Ah! M. Dormeuil, grâce pour Saint-Clair! Si vous saviez...

DORMEUIL.

L'extravagant! aller jouer à la baisse!... que ne me consultait-il?

MARCEL.

Eh! Monsieur, je blâme Saint-Clair d'avoir joué; on dirait que vous l'approuveriez, s'il avait gagné.

DORMEUIL.

Point du tout. N'allez pas croire...

SCENE VII.

Les mêmes, GERMON, et ensuite LAURENT.

GERMON.

Nous le tenons!..

LAURENT.

Nous le tenons!..

GERMON.

N'ayant pas trouvé de place ailleurs, il s'était déjà campé sur l'impériale de la diligence de Bruxelles. Je ne suis pas glorieux, moi; j'ai bravement aidé le garde du commerce. Notre homme voulait mettre en avant son nom de Durosay... Ah! Durosay... Duhautcours... ou le diable, c'est égal; marche... rue de la Clef.

SAINT-CLAIR.

Qu'entends je? Durosay!...

GERMON.

Là, du moins, il ne fera pas de nouvelles dupes. Qui sait encore pourtant?

LAURENT.

Mais il y a bien d'autres événemens amenés par le mouvement de bourse d'hier: on parle de je ne sais combien de faillites, surtout de celle d'un M. Forlis, qui est énorme.

DORMEUIL, très-vivement.

Que dites-vous? Forlis!...

LAURENT.

Il jouait à la baisse contre ses cliens.

DORMEUIL, très-agité.

Cela ne se peut pas. Etes-vous bien sûr? Dieu! si cela était...

SCENE VIII.

LES MÊMES, GAUTIER.

GAUTIER.

Ah! mon parrain, quel malheur!... quel horrible malheur! me voilà sans place. J'allais à mon bureau; j'ai trouvé le juge de paix qui mettait les scellés partout.

DORMEUIL.

Quelle trahison! quel horreur! quoi!... Forlis?...

GAUTIER.

Dès hier soir, il a pris la fuite. Il ne laisse rien... absolument rien à ses créanciers.

DORMEUIL, se jetant dans un fauteuil.

Ah! je suis perdu..., assassiné....

MARCEL.

Qu'avez-vous donc?

SAINT-CLAIR.

Comment!

AMÉLIE.

Quel rapport?..

DORMEUIL.

Cette fortune dont j'étais si joyeux, était entre les mains de Forlis...

GAUTIER.

Mon parrain avait gagné hier un million à la hausse!

DORMEUIL.

Veux-tu bien te taire!

MARCEL.

Quoi! vous aussi?,..

AMÉLIE.

Ah! M. Dormeuil!

DORMEUIL, se levant.

Scélérat de Forlis!... infâme banqueroutier... vil spoliateur!

GAUTIER.

Ah! mon parrain, quels noms vous lui donnez? moi, je suis sûr qu'il n'est que malheureux.

DORMEUIL.

Tais-toi..., va-t'en, petit sot!

GAUTIER.

Oh! quelle colère!

(Il sort.)

DORMEUIL.

Voilà donc le jeu de la bourse : le gain même n'est pas assuré.

SAINT-CLAIR.

Et le fils, à son insu, y joue contre son père.

LAURENT.

Au trente et un du moins, l'on sait contre qui l'on joue.

MARCEL.

Monsieur, vous ne gagnez point; mais vous ne perdez rien. Le plus pressé, c'est de vous occuper de votre fils.

GERMON.

Mon cher Saint-Clair, tout ce que je possède est à ton service.

AMÉLIE.

Mon oncle et moi, nous ne t'abandonnerons pas.

MARCEL.

Non, certes; je payerai; cela me gênera peut-être pour toute ma vie. (à Dormeuil.) Mais, vous nous aiderez, Monsieur, vous nous aiderez; vous sentirez que votre intérêt, que le soin de votre considération vous font une loi d'étouffer cette malheureuse affaire.

DORMEUIL.

Vous avez raison, Monsieur, il faut ensevelir cette aventure dans le plus profond silence; oui! mon cœur m'y porte autant que le devoir, il faut faire des sacrifices..., me saigner...; (à part.) ayez donc des enfans!

(Il sort.)

SAINT-CLAIR.

Oh! mon père..., mon oncle! que de bontés! mais non, non, vous ne serez point gênés toute votre vie. Secouru par vous, soutenu par mon Amélie, je retrouve mon courage; mon état me reste..., insensé, que dis-tu? ce noble état lui-même ne va-t-il pas m'être enlevé? vous aurez beau vous taire, ma coupable imprudence sera connue; déjà l'honnête M. Fréville ne m'a-t-il pas retiré sa confiance? le talent n'est rien pour un avocat, s'il n'y joint une bonne réputation.

MARCEL.

J'irai moi-même trouver M. Fréville; ton père m'accompagnera, j'irai voir tes autres cliens.

AMÉLIE.

Oui! mon oncle et moi, nous te défendrons, nous te justifierons; qui n'a pas fait de fautes dans sa vie? (à Germon.) Vous, M. Germon, reprenez votre culture; ne rougissez plus de votre état.

GERMON.

O dieu! jamais... je l'ai échappé belle!

MARCEL.

Ne te défie pas de toi-même, mon neveu; voilà une grande épreuve, elle te sera salutaire. Malédiction! Anathême à l'agiotage! Gloire et respect au commerce et à l'industrie!

FIN.

www.ingramcontent.com/pod-product-compliance
Lightning Source LLC
Chambersburg PA
CBHW060619100426
42744CB00008B/1434
* 9 7 8 2 0 1 2 7 2 5 2 6 3 *